Liederkunde
zum Evangelischen Gesangbuch

Im Auftrag der Evangelischen Kirche in Deutschland
gemeinschaftlich mit

Ansgar Franz, Gerhard Hahn, Bernhard Leube,
Andreas Marti, Christiane Schäfer und Bernhard Schmidt

herausgegeben von

Ilsabe Alpermann und Martin Evang

Ausgabe in Einzelheften

Heft 26

Vandenhoeck & Ruprecht

Verzeichnis der Mitarbeiterinnen und Mitarbeiter

Alpermann, Dr. Ilsabe, Pfarrerin, Studienleiterin für Gottesdienst im Amt für kirchliche Dienste in der Evangelischen Kirche Berlin-Brandenburg-schlesische Oberlausitz, Berlin: EG 204 T * *Bitzel, Dr. Alexander*, Pfarrer in Mannheim und Privatdozent für Kirchengeschichte an der Universität Heidelberg: EG 384 * *Herbst, Dr. Wolfgang* (s. Heft 15): EG 367, 389, 435, 463 * *Leube, Bernhard* (s. Heft 17): EG 386, 411, 459 * *Lindner, Dr. Andreas,* Professor für Kirchengeschichte an der Universität Erfurt: EG 494 * *Lorbeer, Dr. Lukas* (s. Heft 23): EG 526 T * *Marti, Dr. Andreas* (s. Heft 7/8): EG 204 M, 415 M, 441, 478, 526 M* *Meyer, Dr. Dietrich*, Archivdirektor i. R., Herrnhut: EG 415 T * *Monninger, Dorothea,* Kirchenmusikerin und Theologin, Gießen: Redaktion * *Schäfer, Dr. Christiane* (s. Heft 25): Hymnologische Nachweise * *Schiek, Maximilian-Friedrich*, Pfarrvikar in Ludwigsburg: EG 458 * *Schmidt, Dr. Bernhard*, Pfarrer, Falkensee, Herausgeber: EG 212, 365, * *Schmidt, Thomas* (s. Heft 24): EG 485 * *Wissemann-Garbe, Dr. Daniela* (s. Heft 15): Hymnologische Nachweise

Bibliografische Information der Deutschen Bibliothek:
Die Deutsche Nationalbibliothek verzeichnet diese Publikation in der Deutschen Nationalbibliografie; detaillierte bibliografische Daten sind im Internet über https://dnb.de abrufbar.

Satz: textformart, Göttingen
Druck und Bindung: ⊕ Hubert & Co. BuchPartner, Göttingen
Printed in the EU

Vandenhoeck & Ruprecht Verlage | www.vandenhoeck-ruprecht-verlage.com

ISBN 978-3-525-50009-5

Nachträge zum Literaturverzeichnis

Im Anschluss an Heft 1, 39–46, Heft 8, 5–8, Heft 14, 5–9 und Heft 19, 4–7

I. Quellenwerke

- Johann Rist/Johann Schop, Himmlische Lieder (1641/42). Kritisch herausgegeben und kommentiert von Johann Anselm Steiger. Kritische Edition des Notentextes von Konrad Küster. Mit einer Einführung von Inge Mager, Berlin **2012**
- Johann Rist: Neue Himmlische Lieder (1651). Kritisch herausgegeben und kommentiert von Johann Anselm Steiger. Musik von Andreas Hammerschmidt, Michael Jacobi, Jacob Kortkamp, Petrus Meier, Hinrich Pape, Jacob Praetorius, Heinrich Scheidemann und Sigmund Theophil Staden. Kritische Edition der Notentexte von Konrad Küster, Berlin **2013**
- Johann Anselm Steiger, Carmina spiritualia Ristiana. Bibliographie sämtlicher geistlicher Lieder Johann Rists (1607–1667), JLH 52 (**2013**) 171–204
- Johann Crüger, Praxis Pietatis Melica. Edition und Dokumentation der Werkgeschichte. Im Auftrag der Franckeschen Stiftungen zu Halle hg. von Hans-Otto Korth und Wolfgang Miersemann unter Mitarbeit von Maik Richter, Halle **2014 ff** [PPMEDW]
  Band I, Teil 1 Praxis Pietatis Melica Editio X. Berlin 1661. Text, 2014
  Band I, Teil 2 Praxis Pietatis Melica Editio X. Berlin 1661. Apparat, 2015
  Band I, Teil 3 Johann Habermann, Gebätbüchlein. Berlin 1661. Text und Apparat, 2017
  Band II, Teil 2 Praxis Pietatis Melica. Tabellarische Übersicht über die Entwicklung des Liedbestands, Halle 2016
- Burkard Rosenberger (Hg.), Johann Crügers Geistliche Kirchen-Melodien (1649). Textkritische Edition, Münster **2014** (dazu online-Ausgabe: www.johann-crueger.de) [GKM]
- Holger Eichhorn/Martin Lubenow (Hg.), Johann Crüger. Kritische Ausgabe ausgewählter Werke. Crüger Concert Choräle. Mvsiche varie, Germersheim **2014–2015** [CCC]
  Bd. 1 Geistliche / Kirchen-Melodien […] 1649, 2014
  Bd. 2 D. M. Luthers wie auch anderer […] Geistliche Lieder und Psalmen […] 1657, 2014
  Bd. 3 Psalmodia sacra […] 1658, 2015
- Johann Rist/Martin Coler, Neue Hochheilige Passions-Andachten (1664). Kritisch herausgegeben und kommentiert von Johann Anselm Steiger. Kritische Edition des Notentextes von Oliver Huck und Esteban Hernández Castelló, Berlin **2015**
- Johann Rist/Christian Flor, Neues Musikalisches Seelenparadies Alten Testaments (1660). Kritisch herausgegeben und kommentiert von Johann Anselm Steiger. Kritische Edition des Notentextes von Oliver Huck und Esteban Hernández Castelló, Berlin **2016**
- Johann Rist/Andreas Hammerschmidt/Michael Jacobi, Katechismus-Andachten (1656), kritisch herausgegeben und kommentiert von Johann Anselm Steiger. Kritische Edition des Notentextes von Oliver Huck und Esteban Hernández Castelló, Berlin **2016**
- Christian Knorr von Rosenroth, Neuer Helicon mit seinen Neun Musen, hg. von Rosmarie Zeller und Wolfgang Hirschmann, Beeskow **2016**
- Hans-Otto Korth (Hg.), Lass uns leuchten des Lebens Wort. Die Lieder Martin Luthers. Im Auftrag der Franckeschen Stiftungen anlässlich des Reformationsjubiläums 2017 vorgelegt und erläutert. Mit einem Nachwort von Patrice Veit, Halle/Beeskow **2017**
- Jürgen Heidrich/Johannes Schilling (Hg.), Martin Luther. Die Lieder, Stuttgart **2017**
- Johann Rist/Christian Flor, Neues Musikalisches Seelenparadies Neuen Testaments (1662). Kritisch herausgegeben und kommentiert von Johann Anselm Steiger. Kritische Edition des Notentextes von Oliver Huck und Esteban Hernández Castelló, Berlin **2017**

- Christian Schmitt-Engelstadt (Hg.), Johann Walter (1496–1570). Geistliches Gesangbüchlein Worms 1525, Köln **2017**

II. Gesamtdarstellungen (auch epochenübergreifende thematische Beiträge)

- Dianne M. McMullen/Wolfgang Miersemann, Geistreiches Gesangbuch. Johann Anastasius Freylinghausen. Edition und Kommentar, Band 1 Geist=reiches Gesang=Buch (Halle, vierte Ausgabe 1708), Teil 1 Text (Lied 1–395), Tübingen **2004**, Teil 2 Text (Lied 396–758, Melodien-Büchlein), Tübingen **2006**, Teil 3 Apparat, Berlin/Boston **2013**; Band 2 Neues Geist=reiches Gesang=Buch (Halle 1714), Teil 1 Text (Lied 1–434), Tübingen **2009**, Teil 2 Text (Lied 435–815), Berlin **2010** [FreylEd]
- Matthias Schneider/Wolfgang Bretschneider/Günther Massenkeil (Hg.), Enzyklopädie der Kirchenmusik, Laaber **2011–2018**
  Band 1/1–4 Geschichte der Kirchenmusik in 4 Bänden, 2011–2014
  Band 2 Zentren der Kirchenmusik, 2011
  Band 3 Der Kirchenmusiker. Berufe – Institutionen – Wirkungsfelder, 2015
  Band 4/1–2 Der Gottesdienst und seine Musik, 2014
  Band 5/1–2 Die Kirchenmusik in Kunst und Architektur, 2015
  Band 6/1–2 Lexikon der Kirchenmusik, 2013
  Band 7/1–2 Chronik der Kirchenmusik, Register, Dokumente, 2018
- Jochen Arnold/Folkert Fendler/Verena Grüter/Jochen Kaiser (Hg.), Gottesklänge. Musik als Quelle und Ausdruck des christlichen Glaubens, Leipzig **2013**
- Jürgen Henkys, Dichtung, Bibel und Gesangbuch. Hymnologische Beiträge in dritter Folge, Göttingen **2013**
- Christiane Schäfer, Verborgene Spuren. Luthers Lieder in katholischen Gesangbüchern, LuK 4 (3/**2013**) 29–39
- Jochen M. Arnold/Konrad Küster/Hans Otte (Hg.), Singen, Beten, Musizieren. Theologische Grundlagen der Kirchenmusik in Nord- und Mitteldeutschland zwischen Reformation und Pietismus (1530–1750), Göttingen **2014**
- Marie Louise Herzfeld-Schild, Das Gotteslob als emotional-musikalischer Erinnerungs(h)ort, in: Michael Fischer/Tobias Widmaier (Hg.), Lieder/Songs als Medien des Erinnerns, Münster **2014**, 75–93
- Robert Klugseder (Hg.), Cantare amantis est. Festschrift zum 60. Geburtstag von Franz Karl Praßl, Purkersdorf **2014**
- Hermann Kurzke/Christiane Schäfer, Mythos Maria. Berühmte Marienlieder und ihre Geschichte, München **2014**
- Andreas Marti, Wie klingt reformiert? Arbeiten zu Liturgie und Musik. Festgabe zum 65. Geburtstag, hg. von David Plüss, Katrin Kusmierz und Kirsten Jäger, Zürich **2014**
- Erik Dremel/Ute Poetzsch (Hg.), Choral, Cantor, Cantus firmus. Die Bedeutung des lutherischen Kirchenliedes für die Schul- und Sozialgeschichte, Halle **2015**
- Alexander Hanisch-Wolfram/Werner Horn (Hg.), StimmKraft. Kirchenlieder schreiben Geschichte. Beiträge zu Vergangenheit, Gegenwart und Zukunft evangelischen Singens. Wissenschaftlicher Begleitband zur Sonderausstellung im Evangelischen Kulturzentrum Fresach 2015, Klagenfurt **2015**
- Henning P. Jürgens, Das Evangelium singen. Gesangbücher und Psalter im europäischen Kontext, in: Irene Dingel/Ute Lotz-Heumann (Hg.), Entfaltung und zeitgenössische Wirkung der Reformation im europäischen Kontext. Dissemination and Contemporary Impact of the Reformation in a European Context, Gütersloh **2015**, 103–123
- Anne Smets, Das Endgericht in der Endzeitrede Mt 24–25 und im Evangelischen Gesangbuch, Tübingen **2015**
- Martin J. M. Hoondert, Singen als Ritual. Eine performative Annäherung an den Klang im Gottesdienst, JLH 54 (**2015**) 104–112
- Jochen Kaiser: Die Evangelischen und ihre Lieder. Ein hymnologischer Überblick vom 16. bis 21. Jahrhundert, in: Michael Klöcker/Uwe Tworuschka (Hg.), Handbuch der Religionen. Kirchen und an-

dere Glaubensgemeinschaften in Deutschland und im deutschsprachigen Raum. München seit 1997, II/2.1.2.6.2 = 48. Ergänzungslieferung, Juni **2016**, 1–55
- Konrad Küster, Musik im Namen Luthers. Kulturtraditionen seit der Reformation, Kassel **2016**
- Landschaftsverband Westfalen-Lippe (Hg.), Klang der Frömmigkeit. Luthers musikalische Erben, Münster **2016**
- Ute Nürnberg, Der Jahreswechsel im Kirchenlied. Zur Geschichte, Motivik und Theologie deutscher und schweizerischer Lieder, Göttingen **2016**
- Karl Christian Thust, Bibliografie über die Lieder des Evangelischen Gesangbuchs. Neufassung, Ingelheim (Selbstverlag) **2016** [ThustB, Nf]
- Martin Geck, Luthers Lieder. Leuchttürme der Reformation, Hildesheim/Zürich/New York **2017**
- Ada Kadelbach: Paul Gerhardt im Blauen Engel und andere Beiträge zur interdisziplinären Kirchenlied- und Gesangbuchforschung, Tübingen **2017**
- Jochen Kaiser, Singen in Gemeinschaft als ästhetische Kommunikation. Eine ethnographische Studie, Wiesbaden **2017**
- Andreas Marti, Psalmen im Gottesdienst beten, lesen, singen, MGD 71 (**2017**) 222–231
- Andreas Marti, Die Rezeption des geistlichen Liedes als Gegenstand der Hymnologie, JLH 57 (**2018**) 165–178

III. Epochen der Liedgeschichte

16. Jahrhundert

- Günter Balders, Luthers Lieder in freikirchlicher Rezeption, in: Volker Spangenberg (Hg.), Luther und die Reformation aus freikirchlicher Sicht, Göttingen **2013**, 9–30
- Matthias Herrmann (Hg.), Johann Walter. Torgau und die evangelische Kirchenmusik, Altenburg **2013**
- Wolfgang Fuhrmann, Kirchenmusik und Gemeindegesang in der Römischen Kirche vor und nach der Reformation, in: Armin Kohnle/Christian Winter Hg.), Zwischen Reform und Abgrenzung. Die Römische Kirche und die Reformation, Stuttgart **2014**, 127–155
- Andrea Hofmann, Lieder in den evangelischen Ordnungen des 16. Jahrhunderts, in: Sabine Arend/Gerald Dörner: Ordnungen für die Kirche – Wirkungen auf die Welt. Evangelische Kirchenordnungen des 16. Jahrhunderts, Tübingen **2015**, 75–92
- Konrad Küster, Musik im frühen lutherischen Gottesdienst. Das Beispiel der Domkirche in Ribe um 1560, Schütz-Jahrbuch 37 (**2015**) 17–38
- Eberhard Nehlsen, In Wittenberg gedruckte Liedflugschriften des 16. Jahrhunderts, in: Stefan Oehmig (Hg.), Buchdruck und Buchkultur im Wittenberg der Reformationszeit, Leipzig **2015**, 205–229
- Gerhard Rödding, Ein neues Lied wir heben an. Martin Luthers Lieder und ihre Bedeutung für die Kirchenmusik, Neukirchen-Vluyn **2015**
- Martin Rößler, Die Wittenbergisch Nachtigall. Martin Luther und seine Lieder, Stuttgart **2015**
- Francisca Loetz/Franziska Eggimann, Differenzierende musikalische Abstinenz – die Einführung des Kirchengesangs im reformierten Zürich, Archiv für Reformationsgeschichte 107 (**2016**) 217–241
- Stefan Menzel, Ein neues Proprium? Zum liturgischen Ort des lutherischen Kirchenlieds im 16. Jahrhundert, KMJ 100 (**2016**) 47–64
- Dorothea Wendebourg, Reformation und Gottesdienst, ZThK 113 (**2016**) 323–365
- Ferdinand Ahuis, Elisabeth Cruciger geb. von Meseritz – Luthers „Liebe Els", Lutherjahrbuch 84 (**2017**) 224–264
- Friedhelm Brusniak, Johann Walter (1496–1570): das „Urbild des protestantischen Kantors" (Walter Blankenburg) und der Wandel eines musikhistoriographischen Mythos, in: Uwe Niedersen (Hg.), Reformation in Kirche und Staat. Von den Anfängen bis zur Gegenwart, Dresden/Torgau **2017**, 63–68
- Christina Falkenroth, Die Passion Jesu im Kirchenlied. „Die auf ihn sehen, werden strahlen vor Freude …", Tübingen **2017**

- Andrea Hofmann, Psalmenrezeption in reformatorischem Liedgut. Entstehung, Gestalt und konfessionelle Eigenarten des Psalmliedes, 1523–1650 (Arbeiten zur Kirchen- und Theologiegeschichte 45), Berlin 2015; 2. korrigierte Auflage **2017**
- Bernhard Leube, Die Gegner niedersingen? Juden, Türken und der Papst in Luthers Liedern, Forum Kirchenmusik 68 (**2017**) H. 5, 2–15; auch in: WüBll 84 [2017], H. 2, 4–13
- Johannes Schilling, Luther, die Musik und der Gottesdienst, in: Ulrich Heckel (Hg.), Luther heute. Ausstrahlungen der Wittenberger Reformation, Tübingen **2017**, 194–210
- Elisabeth Schneider-Böklen, Elisabeth Cruciger. Nun, Minister's Wife and First Lutheran Poetess, Journal of the European Society of Women in Theological Research 25 (**2017**) 117–129
- Ilsabe Alpermann/Martin Evang (Hg.), Mit Lust und Liebe singen. Lutherlieder in Portraits, Göttingen **2018**

17./18. Jahrhundert

- Günter Balders/Christian Bunners (Hg.), „... die Edle und niemals genug gepriesene Musica". Johann Crüger - (nicht nur) der Komponist Paul Gerhardts, Berlin **2014**
- Ute Omonsky/Boje E. Hans Schmuhl (Hg.), Über den Klang aufgeklärter Frömmigkeit. Retrospektive und Progression in der geistlichen Musik. XXXVII. Wissenschaftliche Arbeitstagung Michaelstein, 7. bis 9. Mai 2009, Augsburg **2014** (Darin u. a.: Michael Fischer, Die Sonne – „der Gottheit schönstes Bild". Religiöse Naturdeutung im Lied und in der Vokalmusik der Aufklärung; Erik Dremel, „Geist=reich" oder „Vernünftig"? Strategien des Theologietransports durch Kirchenlieder unter dem Einfluss von Pietismus und Aufklärung; Hans-Otto Korth, Gibt es ein Kirchenlied des 17. Jahrhunderts?; Franz Karl Prassl, Aufgeklärter Kirchengesang: Die Auswirkungen der Gottesdienstreformen bei Maria Theresia (1740–1780) und Joseph II. (1780–1790) auf Figuralmusik und Kirchenlied.)
- Christian Bunners, Paul Gerhardt und der Pietismus. Eine Skizze, in: Inge Mager (Hg.), Überliefern – Erforschen – Weitergeben. Festschrift für Hans Otte zum 65. Geburtstag, Hannover **2015**, 143–155
- Johann Anselm Steiger/Bernhard Jahn in Verbindung mit Axel E. Walter (Hg.), Johann Rist (1607–1667). Profil und Netzwerke eines Pastors, Dichters und Gelehrten, Berlin **2015**
- Günter Balders/Christian Bunners (Hg.), „dort im andern Leben". Das Paradies bei Paul Gerhardt, in seiner Zeit und heute, Berlin **2016**
- Günter Balders/Winfried Böttler/Susanne Weichenhan (Hg.), „Doch der ist am besten dran / Der mit Andacht singen kann". Festschrift der Paul-Gerhardt-Gesellschaft für Christian Bunners, Berlin **2016**
- Wolfgang Miersemann, „anstößige und höchst verdächtige Redens=Arten". Orthodoxe Kritik an sprachlicher „Neurung" in Liedern des Pietismus, in: Irmtraut Sahmland/Hans-Jürgen Schrader (Hg.), Medizin- und kulturgeschichtliche Konnexe des Pietismus. Heilkunst und Ethik, arkane Traditionen, Musik, Literatur und Sprache, Göttingen **2016**, 279–301
- Peter Tenhaef/Axel E. Walter (Hg.), Dichtung und Musik im Umkreis der Kürbishütte. Königsberger Poeten und Komponisten des 17. Jahrhunderts, Berlin **2016**
- Sven Grosse, Die Spiritualität Paul Gerhardts (1607–1676), in: Peter Zimmerling, Handbuch Evangelische Spiritualität. Bd. 1 Geschichte, Göttingen **2017**, 281–298

19./20./21. Jahrhundert

- Cäcilie Blume, Populäre Musik bei Bestattungen. Eine empirische Studie zur Bestattung als Übergangsritual, Stuttgart **2014**
- Cornelis G. Kok, Huub Oosterhuis. Dichter des Wortes, LuK 5 (3/**2014**) 46–56
- Werner Horn, Die Theologie der neueren Lieder unserer Kirche, Lutherische Kirche in der Welt 62 (**2015**) 61–72
- Matthias Kreuels, Die Musik von Taizé und die Folgen. Zum 75jährigen Bestehen der ökumenischen Gemeinschaft, MuK 85 (**2015**) 186–193

- Andrea Ackermann/Ansgar Franz, Maranatha! Ein urchristlicher Ruf und sein Echo im Kirchenlied der Gegenwart, LuK 8 (3/**2017**) 21–37
- Beat Föllmi, Bedeutung und Funktion des Kirchenliedes für die Kriegspredigten, in: Matthieu Arnold/Irene Dingel (Hg.), Predigt im Ersten Weltkrieg. La prédication durant la „Grande Guerre", Göttingen **2017**, 75–95
- Peter Bubmann/Konrad Klek (Hg.), „Ich sing Dir mein Lied". Kirchliches Singen heute. Analysen und Perspektiven, München **2017**
- Martin Rößler, „Nicht klagen sollst du: loben!" Jochen Klepper – Leben und Lieder, Stuttgart **2017**/²2018
- Matthias Schneider, Gemeindegesang und liturgisches Orgelspiel in Pommern im 19. Jahrhundert, JLH 56 (**2017**) 240–254
- Patrick Strosche, „Wohin soll ich mich wenden?" Das Ringen um die Aufnahme ostdeutscher Kirchenlieder in das Gesangbuch des Bistums Mainz, Bad Schussenried **2017**
- Stephan Goldschmidt, Singende Kirche. Die Lieder der neuen Perikopenordnung. Ein Werkstattbericht zum neuen Wochenliedplan, JLH 57 (**2018**), 179–201

IV. Liedauslegungen in Theorie und Praxis

- Karl Christian Thust, Die Lieder des Evangelischen Gesangbuchs. Kommentar zu Entstehung, Text und Musik, Kassel **2012–2015**, Bd. I: Kirchenjahr und Gottesdienst (EG 1–269), Kassel **2012**; Bd. II: Biblische Gesänge und Glaube – Liebe – Hoffnung (EG 270–535), Kassel u. a. **2015** [ThustL]
- Wolfgang Hug, Von der Poesie des Glaubens. Ökumenische Liederkunde, Freiburg **2016**
- Ansgar Franz/Hermann Kurzke/Christiane Schäfer (Hg.), Die Lieder des Gotteslob. Geschichte – Liturgie – Kultur. Mit besonderer Berücksichtigung ausgewählter Lieder des Erzbistums Köln, mit Unterstützung von Richard Mailänder unter Mitwirkung von Andrea Ackermann, Stuttgart **2017** [LGL2]
- Hans-Helmar Auel/Bernhard Giesecke, Bibel und Evangelisches Gesangbuch. Eine Konkordanz. Mit einem elektronischen Additum zur individuellen Optimierung, Göttingen **2017**

Abkürzungen

AfMf	Archiv für Musikforschung, Leipzig 1936–1943
AfMw	Archiv für Musikwissenschaft, 1–8 Leipzig 1918–1926; 9 ff Trossingen 1952 ff
AHMA	Analecta hymnica medii aevi, hg. v. Guido Maria Dreves/Clemens Blume, Leipzig 1886–1922, Nachdruck Frankfurt/M 1961
Aml	Acta Musicologica, Basel 1931 ff
AÖL	Arbeitsgemeinschaft für ökumenisches Liedgut
AR	Antiphonale Romanum
Arnold/Bresgott	Jochen Arnold/Klaus-Martin Bresgott (Hg.), Kirche klingt – 77 Lieder für das Kirchenjahr, Hannover 2011
B	Wilhelm Bäumker, Das katholische deutsche Kirchenlied in seinen Singweisen, Freiburg 1886–1911, Nachdruck Hildesheim 1962
BBKL	Biographisch-bibliographisches Kirchenlexikon, begründet v. Friedrich Wilhelm Bautz (Hg.), fortgeführt von Traugott Bautz, Hamm 1975–1990, Herzberg 1992–1999
BHy	Blätter für Hymnologie, Gotha 1883, Altenburg 1884–1887, Kahla 1888 f, 1894, Nachdruck Hildesheim 1971
Böhme	Franz Magnus Böhme, Altdeutsches Liederbuch, Leipzig 1877, Nachdruck Hildesheim 1966
Bruppacher	Theophil Bruppacher, Gelobet sei der Herr. Erläuterungen zum Gesangbuch der ev.-ref. Kirchen der deutschsprachigen Schweiz, Basel 1953
BSELK	Die Bekenntnisschriften der Evangelisch-Lutherischen Kirche. Vollständige Neuedition, hg. v. Irene Dingel im Auftrag der Evangelischen Kirche in Deutschland, Göttingen 2014
BSLK	Die Bekenntnisschriften der ev.-luth. Kirche, Göttingen 1930, ^{12}1998
BSRK	Die Bekenntnisschriften der reformierten Kirche, hg. v. Ernst Friedrich Karl Müller, Leipzig 1903
BWV	Wolfgang Schmieder, Thematisch-systematisches Verzeichnis der musikalischen Werke von J. S. Bach, 2. überarbeitete und erweiterte Ausgabe, Wiesbaden 1990
Bunners	Christian Bunners, Paul Gerhardt, Berlin 1993, ^{2}1994, ^{4}2007
CA	Confessio Augustana 1530
CCC	Holger Eichhorn/Martin Lubenow (Hg.), Johann Crüger. Kritische Ausgabe ausgewählter Werke. Crüger Concert Choräle: Bd. I Geistliche/Kirchen-Melodien […] 1649, Germersheim 2014 Bd. II D. M. Luthers/wie auch anderer […] Geistliche Lieder und Psalmen […], Berlin 1657, Germersheim 2014. Bd. III Psalmodia Sacra […] durch Ambrosium Lobwasser […] Berlin … 1658, Germersheim 2015
CG	Gebet- und Gesangbuch der Christkatholischen Kirche der Schweiz, Basel [2004/2005]
Chl	Die Christenlehre, Berlin 1947–1990, Leipzig seit 1991; ab 1996 Christenlehre/Religionsunterricht – Praxis
DBW	Dietrich Bonhoeffer Werke, hg. v. Eberhard Bethge/Ernst Feil/Christian Gremmels/Wolfgang Huber/Hans Pfeifer/Albrecht Schönherr/Heinz Eduard Tödt/Ilse Tödt, Bd. 1–17, München [Gütersloh] 1986–1999
DDT	Denkmäler deutscher Tonkunst, Leipzig/Augsburg 1892–1931, Neue Ausgabe Wiesbaden/Graz 1957 ff
DEG	Deutsches Evangelisches Gesangbuch, 1915 ff, ab 1927 Stammteil der meisten regionalkirchlichen evangelischen Gesangbücher

DKL	Das Deutsche Kirchenlied. Kritische Gesamtausgabe der Melodien, Abt. I, Bd. I Verzeichnis der Drucke, Kassel 1975/1980 (=RISM B/VIII); Abt. II Geistliche Gesänge des deutschen Mittelalters. Melodien handschriftlicher Überlieferung bis um 1530, Kassel 2003–2019; Abt. III Die Melodien aus gedruckten Quellen bis 1680, Kassel u. a. 1993–2010 (EdK)
DTB	Denkmäler der Tonkunst in Bayern, Leipzig/Augsburg 1900–1931, Neue Reihe Wiesbaden 1962 ff
DTÖ	Denkmäler der Tonkunst in Österreich, Wien/Leipzig/Graz 1894–1951
DtPfrBl	Deutsches Pfarrerblatt, Stuttgart 1897 ff
DtVL	Deutsches Volksliedarchiv
DWb	Deutsches Wörterbuch von Jacob und Wilhelm Grimm, Leipzig 1854–1971; Neubearbeitung Leipzig 1983 ff
EdK	Edition des deutschen Kirchenlieds, vgl. DKL
EdKM	Matthias Schneider/Wolfgang Bretschneider/Günther Massenkeil (Hg.), Enzyklopädie der Kirchenmusik, Laaber 2011–2018
	Band 1/1–4 Geschichte der Kirchenmusik in 4 Bänden, 2011–2014
	Band 2 Zentren der Kirchenmusik, 2011
	Band 3 Der Kirchenmusiker. Berufe – Institutionen – Wirkungsfelder, 2015
	Band 4/1–2 Der Gottesdienst und seine Musik, 2014
	Band 5/1–2 Die Kirchenmusik in Kunst und Architektur, 2015
	Band 6/1–2 Lexikon der Kirchenmusik, 2013
	Band 7/1–2 Chronik der Kirchenmusik, Register, Dokumente, 2018
EDM	Das Erbe deutscher Musik, 1. Serie Reichsdenkmale, 1935 ff, 2. Serie Landschaftsdenkmale, 1936 ff
EDM.S	Das Erbe deutscher Musik, Sonderreihe
EEKM	Salomon Kümmerle, Encyklopädie der evangelischen Kirchenmusik, Gütersloh 1888–1895, Nachdruck Hildesheim 1974
Een Comp	Een Compendium van achtergrondinformatie bij de 491 gezangen uit het Liedboek voor de kerken, Amsterdam 1977, ^{2}1978
EG	Evangelisches Gesangbuch, Stammausgabe 1993;
	Regionalausgaben:
	EG BEP: Baden, Elsass-Lothringen, Pfalz 1995
	EG BT: Bayern und Thüringen 1994
	EG HE: Hessen und Nassau/Kurhessen-Waldeck 1994
	EG Me: Mecklenburg 1994
	EG NB: Niedersachsen und Bremen 1994
	EG NEK: Nordelbische Kirche 1994
	EG Öst: Österreich 1994
	EG Ref: Ev.-ref. Kirche, Rheinland, Westfalen, Lippe 1996 (mit Reimpsalter)
	EG RWLR: Rheinland, Westfalen, Lippe, Ev.-ref. Kirche 1996
	EG Sa: Lutherisch Sachsen 1994
	EG Wü: Württemberg 1996
EGb	Evangelisches Gottesdienstbuch. Agende für die Evangelische Kirche der Union und für die Vereinigte Evangelisch-Lutherische Kirche Deutschlands, Berlin/Bielefeld/Hannover 1999; Taschenausgabe, Berlin/Bielefeld/Hannover 2000; Ergänzungsband, Berlin/Bielefeld/Hannover 2002; Gesänge zum Gottesdienst für Chor und Gemeinde, Berlin/Bielefeld/Hannover 2002
Egerer	Ernst-Dietrich Egerer, „...dass meine Seele singe“, Neukirchen-Vluyn 1999–2002
EKD	Evangelische Kirche in Deutschland
EKG	Evangelisches Kirchengesangbuch, Stammausgabe Kassel 1950, Regionalausgaben 1950 ff

EKL	Evangelisches Kirchenlexikon, Göttingen 1956 ff, ^{2}1961–62, ^{3}1986–1997
EKU	Evangelische Kirche der Union
EM	Gesangbuch der Evangelisch-methodistischen Kirche, Stuttgart/Zürich/Wien 2002
Erk-Böhme	Ludwig Erk/Franz Magnus Böhme, Deutscher Liederhort, 3 Bände, Leipzig 1893–1894, Nachdruck Hildesheim 1963, Leipzig 1988
FKM	Forum Kirchenmusik. Zeitschrift des Verbandes evangelischer Kirchenmusikerinnen und Kirchenmusiker in Deutschland, München 1997 ff
Frank	Horst J. Frank, Handbuch der deutschen Strophenformen, Tübingen/Basel ^{2}1993
Franz	Ansgar Franz (Hg.), Das Kirchenlied im Kirchenjahr. Fünfzig neue und alte Lieder zu den christlichen Festen, Tübingen 2002
FreylEd	Dianne M. McMullen/Wolfgang Miersemann (Hg.), Geistreiches Gesangbuch. Johann Anastasius Freylinghausen. Edition und Kommentar Band 1 Geist=reiches Gesang=Buch (Halle, vierte Ausgabe 1708), Teil 1 Text (Lied 1–395), Tübingen 2004, Teil 2 Text (Lied 396–758, Melodien-Büchlein), Tübingen 2006, Teil 3 Apparat, Berlin/Boston 2013 Band 2 Neues Geist=reiches Gesang=Buch (Halle 1714), Teil 1 Text (Lied 1–434), Tübingen 2009, Teil 2 Text (Lied 435–815), Berlin 2010
FT	Albert Fischer/Wilhelm Tümpel, Das deutsche evangelische Kirchenlied des 17. Jahrhunderts, Gütersloh 1904–1916, Nachdruck Hildesheim 1964
GAGF	Arbeitsstelle Gottesdienst. Informations- und Korrespondenzblatt der Gemeinsamen Arbeitsstelle für gottesdienstliche Fragen der Evangelischen Kirche in Deutschland, Hannover 1987–2009
GB	Gesangbuch
GKM	Burkard Rosenberger (Hg.), Johann Crügers Geistliche Kirchen-Melodien (1649). Textkritische Edition, Münster 2014 (auch als online-Ausgabe: www.johann-crueger.de)
GL1	Gotteslob. Katholisches Gebet- und Gesangbuch, 1975 ff
GL2	Gotteslob. Katholisches Gebet- und Gesangbuch, 2013 f
Glover	Raymond F. Glover (Hg.), The Hymnal 1982 Companion, Bd. 1–3B, New York 1991–1994
GR	Graduale Romanum
GrTr	Graduale triplex, Solesmes 1979
Grunewald/Gussone	Eckhard Grunewald/Nikolaus Gussone (Hg.), Von Spee zu Eichendorff, Berlin 1991
GuK	Gottesdienst und Kirchenmusik, München 1950 ff
HahnEv	Gerhard Hahn, Evangelium als literarische Anweisung, München/Zürich 1981
HahnL	Gerhard Hahn, Martin Luther. Die deutschen geistlichen Lieder, Tübingen 1967
Hahnen	Peter Hahnen, Das ‚Neue geistliche Lied' als zeitgenössische Komponente christlicher Spiritualität, Münster 1998
HDEKM	Handbuch der deutschen evangelischen Kirchenmusik, hg. v. Konrad Ameln/Christhard Mahrenholz/Wilhelm Thomas, Göttingen 1935–1976
HEG	Handbuch zum Evangelischen Gesangbuch, Göttingen 1995 ff Band 1 Ernst Lippold/Günter Vogelsang (Hg.), Konkordanz zum Evangelischen Gesangbuch, Göttingen 1995, ^{2}1997 Band 2 Wolfgang Herbst (Hg.), Komponisten und Liederdichter des Evangelischen Gesangbuchs, Göttingen 1999, ^{2}2001
HEKG	Handbuch zum Evangelischen Kirchengesangbuch, Göttingen 1953–1990
Henkys	Jürgen Henkys, Singender und gesungener Glaube. Hymnologische Beiträge in neuer Folge, Göttingen 1999
HenkysDBG	Jürgen Henkys, Dichtung, Bibel und Gesangbuch. Hymnologische Beiträge in dritter Folge, Göttingen 2014

Hillenbrand	Rainer Hillenbrand, Paul Gerhardts deutsche Gedichte. Rhetorische und poetische Gestaltungsmittel zwischen Gattungsbindung und barocker Modernität, Frankfurt/M. 1992
H.	Heft
HN	Hymnologische Nachweise
Hymn	The Hymn, Fort Worth/Texas 1949 ff
IAHB	IAH Bulletin. Publikation der Internationalen Arbeitsgemeinschaft für Hymnologie (IAH), Groningen 1974 ff (wechselnde Erscheinungsorte)
Janota	Johannes Janota, Studien zu Funktion und Typus des deutschen geistlichen Liedes im Mittelalter, München 1968
JennyG	Markus Jenny, Geschichte des deutsch-schweizerischen evangelischen Gesangbuches im 16. Jahrhundert, Basel 1962
JLH	Jahrbuch für Liturgik und Hymnologie, Kassel 1955–1985, Hannover 1986–1995, Göttingen 1996 ff
Julian	John Julian (Hg.), A Dictionary of Hymnology, London 1892/1897, ^{2}1907, weitere Nachdrucke, zuletzt Michigan 1985
KG	Katholisches Gesang- und Gebetbuch der deutschsprachigen Schweiz, Zug 1998
KlepperK	Jochen Klepper, Kyrie, Berlin 1938, 3. erweiterte Auflage 1941
KlepperSch	Jochen Klepper, Unter dem Schatten deiner Flügel. Aus den Tagebüchern 1932–1942, Stuttgart 1956
KlepperZ	Jochen Klepper, „Ziel der Zeit“. Die gesammelten Gedichte, Witten/Berlin 1962
KLL	Albert Friedrich Wilhelm Fischer, Kirchenlieder-Lexicon, Gotha 1878–1886, Nachdruck Hildesheim 1967
Km	Der Kirchenmusiker, Kassel/München 1950 ff, ab 1997: Forum Kirchenmusik, München
KMJ	Kirchenmusikalisches Jahrbuch, Köln 1886 ff
Koch	Eduard Emil Koch, Geschichte des Kirchenlieds und Kirchengesangs, Stuttgart ^{3}1866–1877, Nachdruck Hildesheim 1973
KulpO	Johannes Kulp, Handbuch zum Ostgesangbuch, Dortmund [1931]
KulpW	Johannes Plath/Johannes Kulp, Liederkunde. Handbuch zum Evangelischen Gesangbuch nebst dem rhein.-westf. Sondergut (Handbuch zum Westgesangbuch), Bd. 1 Die Texte, Dortmund [1931]
LbR	Leuchte, bunter Regenbogen. Gemeinsame geistliche Kinderlieder der deutschsprachigen Christenheit, hg. i. Auftr. der christlichen Kirchen des deutschen Sprachbereichs v. der Arbeitsgemeinschaft für ökumenisches Liedgut, Kassel u. a. 1983
Leit	Leiturgia. Handbuch des evangelischen Gottesdienstes, Kassel 1954–1970
Lexer	Matthias v. Lexer, Mittelhochdeutsches Handwörterbuch, Leipzig 1872–1878, Nachdruck Stuttgart 1992
LGL2	Ansgar Franz/Hermann Kurzke/Christiane Schäfer (Hg.), Die Lieder des Gotteslob. Geschichte – Liturgie – Kultur. Mit besonderer Berücksichtigung ausgewählter Lieder des Erzbistums Köln, mit Unterstützung von Richard Mailänder unter Mitwirkung von Andrea Ackermann, Stuttgart 2017
LL	Literatur Lexikon, hg. v. Walter Killy, Gütersloh/München 1988–1993
Loerbroks	Matthias Loerbroks (Hg.), Ein Jahr mit Paul Gerhardt. 30 Liedpredigten, Stuttgart 2007
LThK	Lexikon für Theologie und Kirche, hg. v. Michael Buchberger, Freiburg 1930–1938; hg. v. Josef Höfer und Karl Rahner, Freiburg ^{2}1957–1967; hg. v. Walter Kasper, Freiburg ^{3}1993 ff
LuK	Liturgie und Kultur. Zeitschrift der Liturgischen Konferenz für Gottesdienst, Musik und Kunst, Hannover 2010 ff
M	Melodie

Meding	Wichmann von Meding, Luthers Gesangbuch. Die gesungene Theologie eines christlichen Psalters, Hamburg 1998
Mering	Klaus von Mering, „Vom Aufgang der Sonne". Andachten zu den Kernliedern des Evangelischen Gesangbuchs, Göttinger 2013
Meyer	Dietrich Meyer (Hg.), Das neue Lied im Evangelischen Gesangbuch (Arbeitshilfen des Archivs der Evangelischen Kirche im Rheinland Nr. 3), Düsseldorf ²1997
Mf	Die Musikforschung, Kassel 1948 ff
MfM	Monatshefte für Musikgeschichte, Leipzig 1869–1905
MGD	Musik und Gottesdienst, Zürich 1947 ff
MGG	Die Musik in Geschichte und Gegenwart, hg. v. Friedrich Blume, Kassel 1949–1986, hg. v. Ludwig Finscher, Kassel ²1994–2007
MGKK	Monatsschrift für Gottesdienst und kirchliche Kunst, Göttingen 1896–1941
Möller	Christian Möller u. a. (Hg.), Ich singe dir mit Herz und Mund, Festschrift Heinrich Riehm, Stuttgart 1997
MöllerQ	Kirchenlied und Gesangbuch. Quellen zu ihrer Geschichte, hg. v. Christian Möller, Tübingen/Basel 2000
MMMA	Monumenta monodica medii aevi, Kassel 1956 ff
MPTh	Monatsschrift für Pastoraltheologie, Göttingen 1904–1965
MS	Musica sacra, Zeitschrift für katholische Kirchenmusik, Kassel ab 1868 (mit wechselnden Titeln), Regensburg 2000 ff
MR	Missale Romanum
MuA	Musik und Altar, Freiburg 1948–1972
MuK	Musik und Kirche, Kassel 1928 ff
N	Note(n)
NBA	Neue Bach-Ausgabe, Kassel und Leipzig 1955 ff
Nelle	Wilhelm Nelle, Schlüssel zum Evangelischen Gesangbuch für Rheinland und Westfalen, Gütersloh 1918, ³1924, Nachdruck Hildesheim 1962
NelleG	Wilhelm Nelle, Geschichte des deutschen evangelischen Kirchenliedes, Hamburg 1904/³1924, Reprint Hildesheim 1962
NSK	Neues Singen in der Kirche, Zürich 1986–1998, incl. Liedblätter (Lb)
NSKA	Neues Singen in der Kirche, Arbeitsmappen, Zürich 1971–1979
ÖLK	Ökumenischer Liederkommentar zum Katholischen, Reformierten und Christkatholischen Gesangbuch der Schweiz, hg. v. Peter Ernst Bernoulli/Christine Esser/Andreas Marti/Daniel Schmid/Hans-Jürg Stefan/Walter Wiesli, Freiburg/Basel/Zürich 2001 ff
PalMus	Paléographie Musicale, Solesmes/Tournai 1889 ff
Petrich	Hermann Petrich, Unser geistliches Volkslied, Gütersloh ²1924
Pidoux	Pierre Pidoux, Le Psautier huguenot du XVIe siècle, Basel 1962
PL	Patrologiae cursus completus, series latina, hg. v. Jacques Paul Migne, 221 Bände, Paris 1844–1864, 5 Supplementbände 1958–1974
PPMEDW	Johann Crüger, Praxis Pietatis Melica. Edition und Dokumentation der Werkgeschichte. Im Auftrag der Franckeschen Stiftungen zu Halle hg. v. Hans-Otto Korth und Wolfgang Miersemann unter Mitarbeit von Maik Richter, Halle 2014 ff Band I, Teil 1 Praxis Pietatis Melica Editio X. Berlin 1661. Text, 2014 Band I, Teil 2 Praxis Pietatis Melica Editio X. Berlin 1661. Apparat, 2015 Band I, Teil 3 Johann Habermann, Gebätbüchlein. Berlin 1661. Text und Apparat, 2017 Band II, Teil 2 Praxis Pietatis Melica. Tabellarische Übersicht über die Entwicklung des Liedbestands, Halle 2016.
PTh	Pastoraltheologie – Wissenschaft und Praxis, Göttingen 1966 ff
Q	Quelle
RE	Realencyklopädie für protestantische Theologie und Kirche, Leipzig ³1896–1913

RG	Gesangbuch der Evangelisch-reformierten Kirchen der deutschsprachigen Schweiz, Zürich 1998
RGG	[Die] Religion in Geschichte und Gegenwart, Tübingen 1909–1913, ^{2}1927–1932, ^{3}1957–1965, ^{4}1998–2007
RGL1	Redaktionsbericht zum Einheitsgesangbuch „Gotteslob", hg. v. Paul Nordhues und Alois Wagner, Paderborn/Stuttgart 1988
RISM	Répertoire International des Sources Musicales (Internationales Quellenlexikon der Musik), München/Duisburg/Kassel 1960 ff
RKG	Gesangbuch der Evangelisch-reformierten Kirchen der deutschsprachigen Schweiz 1952
RL	Reallexikon der deutschen Literaturgeschichte, begr. v. Paul Merker und Wolfgang Stammler, hg. v. Werner Kohlschmidt u. Wolfgang Mohr, Berlin ^{2}1958–1988; Neuausgabe u. d. Titel Reallexikon der deutschen Literaturwissenschaft, hg. v. Klaus Weimar, Berlin/New York 1997 ff
RößlerC	Martin Rößler, Da Christus geboren war ... Texte, Typen und Themen des deutschen Weihnachtsliedes, Stuttgart 1981
RößlerL	Martin Rößler, Liedermacher im Gesangbuch, Bd. 1–3, Stuttgart 1990 ff, erw. Gesamtausgabe, Stuttgart 2001
Rost/Machalke	Dietmar Rost/Joseph Machalke (Hg.), Friedrich Spee. Mein Herz will ich dir schenken. Die schönsten Lieder, Paderborn 1985
S	Satz
Sauer-Geppert	Waldtraut Ingeborg Sauer-Geppert, Sprache und Frömmigkeit im deutschen Kirchenlied, Kassel 1984
Schlunk	Walter Schlunk, Wort und Lied. Biblische Texte zu den Gesangbuchliedern, Berlin 1951
Schneider/Vicktor	Martin Schneider/Gerhard Vicktor (Hg.), Alte Choräle neu erlebt, Lahr 1993/^{2}1996
Schulze	Otto Schulze, Ausführlichere Erklärung der achtzig Kirchenlieder, Berlin ^{8}1891
Siona	Siona. Monatsschrift für Liturgie und Kirchenmusik, Gütersloh 1876–1920
SpittaL	Friedrich Spitta, „Ein feste Burg ist unser Gott". Die Lieder Luthers in ihrer Bedeutung für das evangelische Kirchenlied, Göttingen 1905
Storz	Harald Storz (Hg.), Liedpredigten zu den Gottesdiensten im Kirchenjahr (gemeinsam gottesdienst gestalten 9), Hannover 2007
Str.	Strophe
Stulken	Marilyn Kay Stulken (Hg.), Hymnal Companion to the Lutheran Book of Worship, Philadelphia 1981, ^{3}1987
T	Text
T.	Takt
Tenorlied	Das Tenorlied, hg. v. Norbert Böker-Heil, Band 1–3, Kassel 1979–1986
ThLZ	Theologische Literaturzeitung, Berlin 1875 ff
Thust	Karl Christian Thust, Das Kirchen-Lied der Gegenwart, Göttingen 1976
ThustB (Nf)	Karl Christian Thust, Bibliografie über die Lieder des Evangelischen Gesangbuchs, Göttingen 2006, Neufassung, Ingelheim (Selbstverlag) 2016.
ThustL	Karl Christian Thust, Die Lieder des Evangelischen Gesangbuchs. Kommentar zu Entstehung, Text und Musik. Bd. I: Kirchenjahr und Gottesdienst (EG 1–269), Kassel 2012, Bd. II: Biblische Gesänge und Glaube – Liebe – Hoffnung (EG 270–535), Kassel 2015
ThWAT	Theologisches Wörterbuch zum Alten Testament, Stuttgart 1973 ff
ThWNT	Theologisches Wörterbuch zum Neuen Testament, Stuttgart 1933 ff
TRE	Theologische Realenzyklopädie, hg. v. Gerhard Krause und Gerhard Müller, Berlin 1976 ff
UEK	Union Evangelischer Kirchen

V.	Vers
VELKD	Vereinigte Evangelisch-Lutherische Kirche Deutschlands
VerLex	Die deutsche Literatur des Mittelalters. Verfasserlexikon, hg. v. Burghart Wachinger u. a., Berlin/New York ^{2}1978 ff
W	Philipp Wackernagel, Das deutsche Kirchenlied von der ältesten Zeit bis zu Anfang des 17. Jahrhunderts, Leipzig 1864–1877, Nachdruck Hildesheim 1964
WA	Martin Luther, Werke, Kritische Gesamtausgabe, Weimar 1883 ff
WA.A	Archiv zur Weimarer Ausgabe der Werke Martin Luthers, Köln-Wien 1984 ff
WA.B	Martin Luther, Kritische Gesamtausgabe – Briefwechsel, Weimar 1930 ff
WA.DB	Martin Luther, Kritische Gesamtausgabe – Die Deutsche Bibel, Weimar 1906 ff
WA.TR	Martin Luther, Kritische Gesamtausgabe – Tischreden, Weimar 1912 ff
WB	Philipp Wackernagel, Bibliographie zur Geschichte des deutschen Kirchenliedes im 16. Jahrhundert, Frankfurt/M. 1855, Nachdruck Hildesheim 1961
Wecht	Martin Johannes Wecht, Jochen Klepper. Ein christlicher Schriftsteller im jüdischen Schicksal, Düsseldorf/Görlitz 1998
WEG	Werkbuch zum Evangelischen Gesangbuch, hg. v. Wolfgang Fischer, Dorothea Monninger, Reinhold Morath, Rolf Schweizer, Göttingen 1993–2000
Werthemann	Helene Werthemann, Studien zu den Adventsliedern des 16. und 17. Jahrhunderts, Zürich 1963
Wetzel	Johann Caspar Wetzel, Hymnopoeographia oder Historische Lebensbeschreibung der berühmtesten Lieder-Dichter, Herrnstadt 1719–1753
WGB	Werkhefte zum Gesangbuch, hg. v. Hans-Jürg Stefan und Walter Wiesli, Gossau/Basel/Zürich 1998 ff
WGD	Werkhefte zum Gottesdienst, Zürich 1998 ff
WGL1	Werkbuch zum Gotteslob, hg. v. Josef Seuffert, Freiburg/Basel/Wien 1975–1979
WitteG	Christian Fürchtegott Gellert, Gesammelte Schriften, hg. v. Bernd Witte; Bd. 2, Gedichte, Geistliche Oden und Lieder, hg. v. Heidi John/Carina Lehnen/Bernd Witte, Berlin 1997
WKernlieder	Susanne Betz/Hans Hilt/Bernhard Leube (Hg.), Unsere Kernlieder. Werkbuch zur Arbeit mit Kindern, Jugendlichen und Erwachsenen, München 2011
Wolkan	Die Sonntags-Evangelia von Nicolaus Herman (1561), hg. v. Rudolf Wolkan, Prag/Wien/Leipzig 1895
WüBll	Württembergische Blätter für Kirchenmusik, Stuttgart; Waiblingen [Stuttgart] 1927 ff
Wunderhorn	Geistliches Wunderhorn. Große deutsche Kirchenlieder, hg. v. Hansjakob Becker u. a., München 2001, ^{2}2003
Z	Johannes Zahn, Die Melodien der deutschen evangelischen Kirchenlieder, Gütersloh 1889–1893, Nachdruck Hildesheim 1963 u. 1997
Z.	Zeile
ZGP	Zeitschrift für Gottesdienst und Predigt, Gütersloh 1983 ff
ZThK	Zeitschrift für Theologie und Kirche, Tübingen 1891 ff

Im Übrigen gelten die allgemeinen Abkürzungen.

204 Herr Christ, dein bin ich eigen

Text

Verfasser Christiana Cunrad oder Caspar Cunrad, vgl. Kommentar **Entstehung** vgl. Kommentar **Quellen** (a) *Ara manalis, Christianae Tilesiae Conjugi meritissimae posita.* [...] *Duobus Liberis ante Matrem demortuis* (Caspar Cunradi), Oels [1626] 1644 (FT VI, S. 35) * (b) *Geistliche Kirchen- und Hauß-Musik* (George Bawmann), Breslau 1644, 504 (DKL1644^{01}) **Überschrift** (a) *Ein schönes Christliches Lied Welches die selige Fraw Christiana Täglich hat zu singen pflegen* (zit. nach HEG II,70) * (b) Ein anders. Im Thon: *Herzlich thut mich verlangen* **Ausgabe** FT I,124 **Strophenbau** A7/3a- A6/3b A7/3a- A6/3b, A7/3c- A6/3d A7/3c- A6/3d; vgl. Frank 8.7 **Abweichungen** vgl. Kommentar **Verbindung TM** (a) in der Q ohne M * (b) in der Q ohne N, die in der Überschrift (s. o.) genannte Tonangabe meint vermutlich die heute als *O Haupt voll Blut und Wunden* (EG 85) bekannte Melodie (s. Z III,5385a)

Melodie

Incipit 5_ 3_.45_6_ 5__5_ **Quelle** *Viertzig schöne Geistliche Lieder / sambt jren eigenen Welsch vnd Teütschen Melodien.* [...], Augsburg 1621 (DKL 1621^{06}) **Ausgabe** Z III,5410 **Ambitus** G: 9; Z: 44(44)43b44 **Abweichungen** kleine Terz höher; Taktangabe ¢ (ohne Taktstriche); Z. 1 vor N. 1: Halbe- und Viertelpause; Z. 2 nach N. 6: keine Pause; Z. 5–8 werden wiederholt, bei der Wiederholung Schlusston: Ganze **Verbindung MT** in der Q *Ach was ist doch das Leben* (David Spaiser)

Literatur

HEG II, 69 f ** ThustB, 213/Nf, 195; ThustL I, 360–362 ** HDEKM (1935–1956) III/1, Nr. 171; RößlerL (^{2}2001) 149 f ** Fornaçon, Siegfried: Herr Christ, dein bin ich eigen. Ein vergessenes Glaubenslied, Der Kirchenchor, 18/5 (**1958**) 66–69 * Ameln, Konrad: Literaturnotizen in: JLH 5 (**1960**) 258; 6 (**1961**) 224; 18 (**1973/74**) 242 * Büchner, Arno: Das Kirchenlied in Schlesien und der Oberlausitz, Düsseldorf **1971**, 134 * Schildhauer-Ott, Ruth: Der schlesische Dichterkreis des Barock und seine Bedeutung für das evangelische Kirchenlied, Aachen **2004**, 219–222

Christiana Cunrad geb. Tilesius (1591–1625) gilt als Dichterin des Liedes *Herr Christ, dein bin ich eigen,* doch ist dies nicht eindeutig zu belegen. Verfasser könnte auch ihr Ehemann, der Breslauer Arzt Caspar Cunrad, sein. Bei den beiden Veröffentlichungen des Liedes in „Ara manalis“ (Oels 1626), einer Sammlung von Gedichten zu Christianas Begräbnis, und in dem Gesangbuch „Geistliche Kirchen- und Hausmusik“ (Breslau 1644) wird kein Verfassername genannt. In „Ara manalis“ hat das Lied die Überschrift „Ein schönes Christliches Lied Welches die selige Fraw Christiana Täglich hat zu singen pflegen“. Der schlesische Hymnologe Georg Scultetus bezeichnet in „Hymnopei Silesiorum“ (Wittenberg 1711) Christiana als Dichterin des Liedes. Auf ihn beruft sich Caspar

Wetzel in seiner „Historischen Lebensbeschreibung der berühmtesten Liederdichter“ Bd. 4, 1728. Nach biographischen Angaben zu Christiana schreibt er: „... und ihr Lied ist: Herr Christ, dein bin ich eigen von Anbeginn der Welt“. Der Tübinger Theologe Paul Pressel (1824–1898) veröffentlichte 1864 das Lied unter Christianas Namen in seiner Sammlung „Die geistliche Dichtung von Luther bis Klopstock“. Wiederentdeckt wurde das Lied durch Christhard Mahrenholz, Konrad Ameln und Wilhelm Thomas, die es in einer bearbeiteten Fassung im „Handbuch der deutschen evangelischen Kirchenmusik“ (HDEKM) abdruckten. Es hat Eingang in einige Anhänge zum Evangelischen Kirchengesangbuch (1950) gefunden und wurde dann in das EG aufgenommen.

In seiner Ursprungsgestalt ist das Lied ein Vertrauenslied, das zwischen Taufe und Tod die Gewissheit der Zugehörigkeit zu Jesus Christus thematisiert. Durchgängig nimmt es die Perspektive der Sängerin bzw. des Sängers ein.

Im HDEKM findet sich nun eine auf vier Strophen gekürzte Fassung, der die Fassung des EG im Wesentlichen entspricht. Dabei machen sich die Herausgeber die zweigliedrige Struktur der Strophen zunutze. Die ersten vier Verse jeder Strophe sind von den durchgehend gleichlautenden und durch Kreuzreim verbundenen Zeilen 1 und 3 bestimmt: *Herr Christ, dein bin ich eigen / ... / dein Güte zu erzeigen /...* bzw. *wirst mir dein Güt erzeigen* in der letzten Strophe. Der zweite Teil jeder Strophe formuliert zumeist einen in sich schlüssigen Gedanken, der sich auch an einen anderen Strophenbeginn mehr oder weniger gut anfügen lässt. Die Synopse zeigt die drei Bearbeitungsstufen. In der jetzigen Textgestalt zeigt das Lied eine gut nachvollziehbare Gesamtaussage. Nur im Vergleich mit dem Original fallen die Brüche auf, die durch die Kürzung des Liedes entstanden sind.

Die Kopfzeile jeder Strophe *Herr Christ, dein bin ich eigen* ist eine Aussage des Vertrauens zu diesem Herrn und zugleich des Bekenntnisses zu ihm. Ähnlich begegnet sie in weihnachtlichen Gesängen (EG 32,1; 34,3; 37,2; in Umkehrung 386,4). Damit ist zugleich eine zentrale Aussage des Kleinen Katechismus beinahe wörtlich aufgegriffen. Dort heißt es im Zweiten Hauptstück in der Erklärung zum Zweiten Artikel: „...damit ich sein Eigen sei und in seinem Reich unter ihm lebe“. Ebenso formuliert auch der Heidelberger Katechismus zu Frage 1: „Dass ich mit Leib und Seele, beides, im Leben und im Sterben nicht mein, sondern meines getreuen Heilands Jesu Christi eigen bin“. Die Strophen entfalten, was die grundlegende Zugehörigkeit zu Christus auf dem Lebens- und Glaubensweg bedeutet.

In Str. 1 wird das Gehören zu Christus aus der Erwählung abgeleitet, und zwar *von Anbeginn der Welt.* Die Folge ist, sich nun auch *nach deinem Namen wert nennen* zu lassen. In der ursprünglichen Strophe hieß es dagegen: *Und zu des Himmels Freuden / ohn mein Verdienst und Wahl / ganz gnädiglich bescheiden / nach deinem Wohlgefall.* In dieser Formulierung klingt wiederum Luthers Wortwahl in der Erklärung zum Ersten Artikel im Kleinen Katechismus an: „ohn all mein Verdienst und Würdigkeit“. Die Strophe stellt das christliche Leben in den weiten Horizont der allumfassenden Güte Gottes, die immerwährend verlässlich ist und eben vom *Anbeginn der Welt* bis zu des *Himmels Freuden* reicht. Dies erinnert an Epheser 1,3–4: ... *der uns gesegnet hat mit allem geistlichen Segen im Himmel durch Christus. Denn in ihm hat er uns erwählt, ehe der Welt Grund gelegt war.*

Original Breslau 1644	Handbuch dt. ev. Kirchenmusik	EG
HERR Christ dein bin ich eygen von Anbegin der Welt:/: Dein Gütte zu erzeygen hast du mich außerwehlt; Und zu deß Himmels Freuden ohn mein Verdienst und Wahl ganz Gnädiglich bescheiden nach deinem Wolgefall.	Herr Christ, Dein bin ich eigen, von Anbeginn der Welt, Dein Güte zu erzeigen hast Du mich auserwählt und mich auch lassen nennen nach Deinem Namen wert, den will ich auch bekennen forthin auf dieser Erd.	Herr Christ, dein bin ich eigen: von Anbeginn der Welt, dein Güte zu erzeigen, hast du mich auserwählt und mich auch lassen nennen nach deinem Namen wert; den will ich auch bekennen forthin auf dieser Erd.
HErr Christ dein bin ich eygen vergossen mir zu gutt:/: Dein Gütte zu erzeygen hast Du dein Theures Blutt; Dadurch ich bin von Sünden und von der Hellen-Pein ganz Gnädiglich entbunden das danck ich Dir allein.		Herr Christ, dein bin ich eigen: durch dein Allmächtigkeit, dein Güte zu erzeigen, beschirmst du mich allzeit. In meinen jungen Jahren hast du mich, Herr, ernährt, lass mir's auch widerfahren, wenn ich nun älter wird.
HErr Christ dein bin ich eygen mich durch die Tauffe rein; :/: Dein Gütte zu erzeygen, Dir hast geleibet ein; Und mich auch lassen nennen nach deinem Namen werth; Den wil ich auch bekennen forthin auf dieser Erd.		
HERR Christ dein bin ich eygen den Glauben schenckst Du mir:/: Dein Gütte zu erzeygen daß ich fest halt an Dir der Du bist Mensch geboren doch wahrer GOttes Sohn und in zweyen Naturen ein einige Person.		Herr Christ, dein bin ich eigen: den Glauben schenkst du mir, dein Güte zu erzeigen, dass ich halt fest an dir. Den Teufel, Welt und Sünden, weil sie sind wider mich, hilf du mir überwinden, das bitt ich inniglich.
HErr Christ dein bin ich eygen durch dein Allmächtigkeit:/: Dein Gütte zu erzeygen beschirmst Du mich allzeit: In meinen Jungen Jahren hast Du mich, HErr, ernährt; Laß mirs auch wiederfahren, wenn ich nun Aelter wird.	Herr Christ, Dein bin ich eigen durch Dein Allmächtigkeit, Dein Güte zu erzeigen, beschirmst Du mich allzeit. In meinen jungen Jahren hast Du mich, Herr, ernährt, laß mirs auch widerfahren, wenn ich nun älter werd.	
HERR Christ dein bin ich eygen, in alle Ewigkeit:/: Dein Gütte zu erzeygen, mich von Dir nichts abscheid: Den Teuffel, Welt unnd Sünden, weil sie mir fast nachstelln hilf Du mir uberwinden auff daß sie mich nicht felln.	Herr Christ, Dein bin ich eigen in alle Ewigkeit, Dein Güte zu erzeigen, mich von Dir nichts abscheid. Den Teufel, Welt und Sünden, weil sie sind wider mich, hilf Du mir überwinden, das bitt ich inniglich.	
HErr Christ dein bin ich eygen im Leben und im Tod:/: Wirst mir dein Gütt erzeygen auch in deß Todes-Not daß Sänfftiglich abscheide die Seel von meinem Leib zu dir in die Ewig Freude und bey Dir Ewig bleib.	Herr Christ, Dein bin ich eigen im Leben und im Tod, wirst mir Dein Güt erzeigen auch in des Todes Not, dass sänftiglich abscheide die Seel von meinem Leib zu Dir ins Himmels Freude und bei Dir ewig bleib.	Herr Christ, dein bin ich eigen: im Leben und im Tod; wirst mir dein Güt erzeigen auch in des Todes Not, dass sanft und still abscheide die Seel von meinem Leib zu dir ins Himmels Freude und bei dir ewig bleib.

Die Abfolge der nun ausgefallenen Strophen des Originals leuchtet ein: Mit Christi Heilstat (Str. 2 orig.) verbinden mich die Taufe (Str. 3 orig.) und das Geschenk des Glaubens. Beides ist aufeinander bezogen, indem der Wille zum Bekenntnis im gläubigen Bekennen zum wahren Gottessohn singend umgesetzt wird (Str. 4 orig.). In der Fassung des EG liegt stattdessen in Str. 2 der Schwerpunkt auf dem Vertrauen in die Lebensbegleitung durch Christus. Im dankbaren Rückblick zeigt sich die Bewahrung und daraus erwächst die Zuversicht, auch im Älterwerden *allzeit beschirmt* zu werden. Vermutlich haben die Formulierungen der zweiten Halbstrophe *In meinen jungen Jahren … wenn ich nun älter werd* dazu geführt, das Lied für den Anlass der Konfirmation zu bearbeiten. Das EG hat diese Rubrizierung vom Handbuch übernommen. Sehr überzeugend ist das nicht. Der Rückblick auf *meine jungen Jahre* ist heute kaum von einem Jugendlichen im Konfirmandenalter zu erwarten. Im Alter von etwa 30 Jahren ist das Empfinden für den Abschied von der Jugend und für das Älterwerden hingegen plausibel. Als das Lied erstmals veröffentlicht wurde, war Christiana Cunrad bereits im Alter von 33 Jahren verstorben. Sie könnte es etwa 30-jährig gedichtet haben, wenn das Lied ihr zuzuschreiben ist. Zu erwähnen ist auch, dass die Konfirmation sich erst nach dem Ende des Dreißigjährigen Krieges überall durchgesetzt hat[1] und somit als Anlass für das Lied nicht fraglos vorausgesetzt werden darf. Wenn es aber das Anliegen des Handbuchs war, ein Lied zur Konfirmation zu schaffen, erklärt sich der bedeutsamste Einschnitt in die Struktur des Liedes, nämlich die Streichung des Taufbezuges. Die Taufe erscheint allenfalls noch indirekt im zweiten Teil der ersten Strophe: *und mich auch lassen nennen / nach deinem Namen wert.* Es ist folgerichtig, dass im EG gerade im Hinblick auf den Kasus Konfirmation die Zeile *den Glauben schenkst du mir* wieder eingefügt wurde.

Die dritte Strophe ist aus zwei Halbstrophen zusammengefügt. Der Glaube an Christus hilft, die Verderbensmächte *Teufel, Welt und Sünden* zu überwinden.

Mit der letzten Strophe kehrt das Lied wieder zu seiner originalen Gestalt zurück. Sie ist die einzige Strophe, die den ursprünglichen Text bewahrt und zugleich an ihrem Ort am Ende des Liedes geblieben ist. Lediglich zwei kleine Textanpassungen sind zu verzeichnen: Aus dem altertümlichen *sänftiglich abscheide* wurde *sanft und still abscheide* und aus *zu dir in die ewig Freude* wurde schon im Handbuch *zu dir ins Himmels Freude.* Beide Änderungen verdanken sich dem Bemühen um bessere Verständlichkeit und Singbarkeit. Die Formel *sanft und still[e]* findet sich auch in anderen Liedern, z. B. in den Sterbeliedern EG 516,6 und 519,1. Hieß es in der zweiten Strophe *beschirmst du mich allzeit*, so wird dieses Vertrauen in Christus nun als Hoffnung im Sterben konkret: *wirst mir dein Güt erzeigen / auch in des Todes Not.* Hier wird die bisherige Struktur der Strophen aufgegeben, die durchgehend eine finale Infinitivkonstruktion aufweisen: *dein Güte zu erzeigen.* In der abschließenden Strophe wird diese durch eine futurische Aussage abgelöst. *Herr Christ, dein bin ich eigen* heißt im Letzten, dass ich *bei dir ewig bleib.*

Ilsabe Alpermann

[1] Karl-Heinrich Bieritz, Liturgik, Berlin 2010, 594.

Zum eher großen Gesamtumfang einer None kontrastieren die Zeilenumfänge: Alle Zeilen bewegen sich im Quartraum, bilden also „Tetrachorde“ – mit Ausnahme der sechsten, welche mit dem Ambitus einer Terz noch engräumiger ist.

In den Zeilen 1 und 2 bzw. 3 und 4 sind die beiden Tetrachorde über zwei gemeinsame Töne (*g, fis*) verschränkt. Während die Versetzung hier nach unten erfolgt, ist das Tetrachord der 5. Zeile nach oben versetzt und wiederum durch zwei Töne mit dem ersten verschränkt (*a, h*).

Zeile 6 bestätigt die nach oben versetzte Lage durch eine Kadenz auf dem Quintton. Die Versetzung nach oben und die Modulation in die Dominante bilden den Spannungshöhepunkt der Melodie, der – wie oft in der stolligen Barform – zu Beginn des Abgesangs liegt. Dieser formalen Steigerung entsprechen auch die sequenzartig aufeinander folgenden Terzsprünge am Ende von Zeile 5, der melodisch bewegtesten Stelle.

Die Zeilen 7 und 8 sind wieder durch Tetrachorde gebildet, nacheinander um einen Ton nach unten versetzt. Alle Zeilenpaare sind durch Kadenzformeln abgeschlossen: die Zeilen 2/4 und 8 auf dem Grundton, die Zeile 6 auf dem Quintton, mit derselben Formel wie beim Liedschluss. Beide Varianten dieser Schlussformel – Grundton-Leitton-Grundton (Zeilen 6 und 8) oder zweimaliger zweiter Ton und Grundton (Zeile 2/4) – finden sich ausgesprochen häufig in Liedmelodien vor allem des frühen 17. Jh. Zu erwähnen wären hier etwa die *Valet*-Melodie (EG 523) oder *Christus, der ist mein Leben* (EG 516).

Der Melodiekern mit kleiner Terz und großer Sekunde in Zeile 1 bzw. 3 ist aus Volks- und Kinderliedern bekannt. Er begegnet z. B. auch bei *O dass ich tausend Zungen hätte* (EG 330), in anderer Reihenfolge der Töne auch bei *Nun danket alle Gott* (EG 321). Durch die Punktierung wird der einzige gegenüber diesem Dreitonkern zusätzliche Ton der 1. Zeile (*g*) in seinem Gewicht zurückgenommen. Zugleich verdeutlicht die Punktierung das Gewicht der Akzentsilbe nach dem Auftakt und stabilisiert so das jambische Textmetrum, danach ist nur noch die jeweils letzte Akzentsilbe jeder Zeile gedehnt.

Insgesamt erscheint die Melodie ziemlich formelhaft und bietet keine Überraschungen, aber zugleich ist sie von hoher innerer Plausibilität und dadurch leicht zugänglich.

Andreas Marti

212 Voller Freude über dieses Wunder

Text

Verfasser Jürgen Henkys **Entstehung** 1982 **Vorlagen** das norwegische Tauflied *Fylt av glede over livets under* (Svein Ellingsen, entstanden zur Taufe eines Sohnes des Autors, 1971) **Quelle** Musik und Kirche 52 (1982) 90 **Überschrift** *Fylt av glede over livets under* **Liturgische Einordnung** Taufe **Ausgabe** *Frühlicht erzählt von dir. Neue geistliche Lieder aus Skandinavien* (Jürgen Henkys), München 1990, Nr. 7 **Besonderes** die norwegische Vorlage ist zwischen der 3. und 4. Str. durch ein * zweigeteilt, um den Taufakt zu markieren **Strophenbau** 10/5x_1- 10/5x_2- 10/5a- = 10/5a- **Abweichungen** 2,1 Bange *blicken wir in seine* Zukunft; 2,2 *und wir legen es* in **Verbindung TM** in der Q wie EG * weitere Mn von: Knut Nystedt (1971, Taufgeschenk an den Sohn des norwegischen Autors, s. o.); Manfred Schlenker (in: 50 Chorlieder, 1987); Friedrich Karl Hofmann (zu einer eigenen Übertragung des norwegischen Textes im gleichen Versmaß: *Voller Freude sehn wir, Gott, dein Wunder,* 1983; dieser Text mit einer M von Linus David, 1990: RG 186, KG 8)

Melodie

Incipit 334_3_22432_1_ **Verfasser** Egil Hovland **Entstehung** 1976, explizit für das norwegische Gesangbuch **Quellen** (a) *Diskanter* hefte 3 (Egil Hovland), 1977 * (b) s. o. Textquelle **Ausgabe** s. o. Textausgabe (mit 4st. Satz) **Ambitus** G: 6; Z: 4445 **Abweichungen** (a), (b) Halbton tiefer (E-Dur), halbe Notenwerte **Verbindung MT** (a) mit dem norwegischen Text *Fylt av glede over livets under* * (b) wie EG * weitere: *Voller Freude sehn wir, Gott, dein Wunder* (EM 515 Friedrich Karl Hofmann)

Literatur

HEG II, 84f.140–142.161 ** ThustB, 21 / Nf, 198; ThustL I, 370–372 ** Meyer (^{2}1997) 85.110f,131; RößlerL (^{2}2001) 997 ** MöllerQ **2000**, 270f * Wentz-Janacek, Elisabet: Kirchenlied und Kirchengesang in Nachbarländern Deutschlands. Nordeuropäische Länder, WEG 6 (**2000**) 34 * Egerer **2002** * Reich, Christa: Voller Freude über dieses Wunder (EG 212). Vorschläge zur Annäherung an das Lied, GAGF 19/3 (**2005**) 96f

„Vor allem zwei Dimensionen prägen gegenwärtig Empfindungen, Bedürfnisse und Deutungen vieler Menschen im Angesicht der Taufe: Zum einen zeigt sich ein großes Staunen über ein neues Leben, das unaussprechliche Glück, ein Kind in den Armen zu halten, und der große Dank des Herzens, das dieses ‚Wunder des Lebens' mitunter gar nicht recht in Worte zu fassen vermag. Zum anderen aber gibt es auch die Sorge, dass alles menschliche Leben bedroht ist und der menschlichen Fürsorge Grenzen gesetzt sind, so dass die tief empfundene Bitte entsteht, dass dieses einzigartige Leben von Gott angenommen und gesegnet werden möge." Ganz offensichtlich inspiriert vom Beginn unseres Liedes erscheint dieser Text, der den Abschnitt „Taufe und moderne Lebenswelt" in der

Orientierungshilfe der EKD zur Taufe aus dem Jahre 2008 abschließt.[1] Die inhaltlichen und sprachlichen Anleihen unterstreichen, wie aktuell dieses Tauflied immer noch ist.

Der berühmte norwegische Kirchenlieddichter Svein Ellingsen (*1929) hatte 1971 mit dem Lied *Fylt av glede over livets under*, anderthalb Jahre nach dem tödlichen Verkehrsunfall eines eigenen Kindes, begonnen, als er die freudige Nachricht von der erneuten Schwangerschaft seiner Frau erhielt. Sogleich konzipierte er ein Lied zur Taufe, die schließlich im März 1971 stattfand. Ob das Lied tatsächlich bei der Taufe des Kindes gesungen wurde, wissen wir nicht. Ellingsen teilt mit: „Als Eystein geboren wurde, war der Text so gut wie fertig, aber seine endgültige Form bekam das Lied erst durch die persönliche Begegnung mit dem neuen Weltbürger."[2] Ellingsen war bewusst, dass dieses – mit eigenen Worten – persönliche und doch nicht private Lied keineswegs alle theologischen und liturgischen Aspekte der Taufe benennt.[3]

Wenn Jürgen Henkys' Nachdichtung mit den Worten beginnt *Voller Freude über dieses Wunder,/ unser Neugebornes auf den Armen,/ kommen wir zu dir,* so ist offensichtlich, dass es sich um ein Gebet handelt, das den Eltern und Paten in den Mund gelegt wird und das deren Gefühle, Hoffnungen und Befürchtungen im Blick auf das beginnende Leben ihres Kindes zur Sprache bringen will. Die weit über Norwegen hinausreichende Verbreitung des Liedes zeigt, dass seine Schöpfer einen Nerv getroffen haben und dass sie – ausgehend von persönlichen Erfahrungen – Dimensionen von Taufe und Tauffeier benennen, die bisher in unseren Taufliedern fehlen.

Jürgen Henkys lernte Svein Ellingsen auf der für sein Leben und Schaffen so bedeutsamen IAH-Tagung 1975 im niederländischen Groningen kennen. Henkys teilt mit, dass ihm Ellingsen danach viele seiner Lieder, die in der Sammlung „Noen må våke" (Einer muss wachen) enthalten waren, mit Interlinearübersetzungen übergeben hatte, darunter auch dieses Lied.[4] 1982 war dann Henkys' Übertragung *Voller Freude über dieses Wunder* fertiggestellt, sie ist auch in seine zweite Liedsammlung aufgenommen worden.[5] Während der Übertragung ins Deutsche stand Henkys mit Ellingsen intensiv im Kontakt. In einem Brief an Jürgen Henkys vom 15.11.1981 berichtet Ellingsen erfreut: „‚Fylt av glede' has already been translated into all the Nordic languages included Finnish and Icelandic. How wunderful it is that it now has crossed another language border."[6] In diesem Brief verleiht er auch seiner Bewunderung für Henkys' Übertragung Ausdruck („my admiration for your translation").

Trotz der Aktualität überrascht der Anfang des Liedes (*unser Neugebornes auf den Armen*), scheint dies doch in Folge einer veränderten Frömmigkeitspraxis, in der die Taufe Neugeborener selten geworden ist, überholt. „Von einer selbstverständlichen Ver-

[1] Die Taufe. Eine Orientierungshilfe zu Verständnis und Praxis der Taufe in der evangelischen Kirche, Gütersloh 2008, 38 f.

[2] Vgl. Meyer, 85. Ellingsen berichtet, dass sein Sohn Melodie und Satz von Knut Nystedt als Taufgeschenk bekam. Daraus lässt sich schließen, dass der Text wenigstens in einer vorläufigen Fassung vorlag.

[3] Das Lied enthalte „nicht alles, was ich gerne über die Taufe sagen möchte!" S. Ellingsen, in Meyer, ebd.

[4] Vgl. Jürgen Henkys' Notizen zu diesem Lied für den Vorentwurf des EG.

[5] Jürgen Henkys, Frühlicht erzählt von dir. Neue geistliche Lieder aus Skandinavien, München 1990.

[6] Dieser und weitere Briefe befinden sich im Nachlass von Jürgen Henkys im Evangelischen Zentralarchiv Berlin, EZA 811.

bindung von Geburt und Taufe kann heute nicht mehr ausgegangen werden. Die Praxis der Säuglingstaufe hat sich zu einer Kindertaufpraxis erweitert" (EKD-Orientierungshilfe).[7] Dieser Befund dürfte dafür mitverantwortlich sein, dass das Lied hierzulande weniger rezipiert wird, und man könnte fragen, ob EG 212 durch diese Entwicklungen womöglich unbrauchbar geworden ist. Für das Lied spricht aber, dass es einerseits für den „Spezialfall" Säuglingstaufe prädestiniert ist und andererseits unabhängig vom Taufalter Wesentliches über die Taufe, über den Wert des Lebens und seine Gefährdungen sowie über die Liebe und Treue Gottes zu sagen hat.

Mit dem Incipit *Fylt av glede over livets under* – „Voller Freude über das Wunder des Lebens" nimmt Ellingsen – und mit ihm sein deutscher Nachdichter – den Beginn der norwegischen Taufliturgie auf, die in deutscher Übersetzung folgendermaßen beginnt: „Voller Dankbarkeit und Freude empfängt die Gemeinde das Kind, das heute im Haus Gottes getauft wird."[8] Dahinter steht die Vorstellung, dass das neugeborene Kind dem Geber des Lebens zurückgegeben und durch die Taufe in seine Arme gelegt, resp. in seine Kirche aufgenommen wird.[9]

In Strophe zwei hatte Henkys zunächst gedichtet: *Bange blicken wir in seine Zukunft, / und wir legen es in deine Arme.*[10] Ellingsen monierte sowohl die Geschlechtsfestlegung („The problem sein/ihr") als auch den zu engen Bezug auf die Zukunft des Kindes („seems to be a bit to much concentrated about the future of the child – only"). Nach eigenen Angaben bezieht sich Ellingsen in seinem Gedicht auf Mircea Eliade und Jürgen Moltmann und auf deren (durchaus gegensätzlich) pointierte Rede von einer „ungekannten verborgenen Zukunft", auf die all unsere Ängste als auch unsere Hoffnungen gerichtet seien.[11] Und Ellingsen schließt (bei Henkys angestrichen): „Would you please let me know if you find (another) solution of this detail?" Henkys fand eine Lösung und änderte seinen Text folgendermaßen ab: *Bange vor der unbekannten Zukunft / legen wir dies Kind in deine Arme. Bange* bezieht sich nun nicht mehr nur auf die Zukunft des Kindes. Die Zukunft der Welt steht auf dem Spiel. Anfang der 80er Jahre war das Wettrüsten auf einem vorläufigen Höhepunkt angekommen.

Ungewöhnlich ist auch die Formulierung *Du willst taufen.* Mit diesem theologischen Akzent geht Henkys über Ellingsen hinaus. Die Vorstellung, dass Gott selbst tauft, begegnet nicht in der Bibel, ist allerdings aus Luthers Theologie bekannt. Im Großen Katechismus heißt es im vierten Teil „Von der Tauffe": „Denn in Gottes Namen getaufft werden ist nicht von Menschen, sondern von Gott selbst getaufft werden. Darumb, ob

[7] AaO. 42.

[8] https://kyrkja.no/globalassets/kirken.no/om-troen/liturgier-oversatt/die_taufe_im_hauptgottesdienst.pdf.

[9] Vgl. auch *Herr, dieses Kind dir dargebracht, du hast es uns gegeben, nicht als Besitz, nur als ein Pfand. Wir legen es in deine Hand und bitten um den Segen.* Von Eva-Maria Tobler-Zeltner, in: Lieder zwischen Himmel und Erde, Düsseldorf 2017[12], Nr. 44.

[10] So noch in der Erstveröffentlichung der deutschen Fassung: Vier Lieder von Svein Ellingsen in deutschen Nachdichtungen von Jürgen Henkys, MuK 52 (1982), 90.

[11] Ellingsen zitiert aus dem Gedächtnis („quoted by memory"), vgl. den Brief an J. Henkys vom 15.11.1981, in EZA 811. Er denkt hier wahrscheinlich an die Werke „The Sacred and the Profane. The Natur of Religion" (1957) von Mircea Eliade und „Theologie der Hoffnung" (1964) von Jürgen Moltmann.

es gleich durch des Menschen hand geschicht, so ist es doch warhafftig Gottes eigen werck …"[12] Ähnlich in seinem Tauflied *Christ, unser Herr, zum Jordan kam*, wo Luther in Str. 2 von Gott, dem Heiligen Geist, sagt: *der ist allhier der Täufer* und in Str. 4 sogar: *wenn wir getaufet werden,/ all drei Person' getaufet han.*[13] Diese steilen Aussagen müssen vor dem Hintergrund von Luthers lebenslanger Suche nach Gewissheit (certitudo) und im Zusammenhang seiner Auseinandersetzungen mit den sog. Schwärmern verstanden werden. Taufe ist nicht nur eine symbolische Handlung, sondern Gottes eigenes Werk. Auch Jürgen Henkys wollte hier ausdrücklich mehr sagen als Ellingsen, nämlich: Weil der dreieinige Gott selber tauft, bringt die Taufe Gewissheit. Dagegen heißt es in Ellingsens deutscher Interlinearübersetzung nur: „Voller Zittern (Gefühle der Angst) vor der unbekannten Zukunft / legen wir unser Kind in deine Hände. / Was bei der Taufe geschieht, gibt uns Zuversicht."[14]

Auch in der dritten Strophe wird – wie schon zuvor – eine Empfindung, ein Affekt aufgegriffen: Staunen. Zugleich tastet sich das Lied an der Dramaturgie der Tauffeier entlang: Kommen und Freuen, bange das Kind in „Gottes Arme" legen, staunend hören. Wieder wird Gott, der Schöpfer, angeredet. Bewusst spricht der Dichter von den Tiefen, nicht von den Weiten des Alls. Der Ausdruck der Tiefe hat bei Ellingsen immer auch etwas Bedrohliches, ist nicht nur räumliche Kategorie, sondern existentielle Erfahrung, Ort und Metapher für mögliches Untergehen und Verlorengehen.[15] Und ist doch zugleich mit der Gewissheit verbunden, dass Gott immer noch unter der Tiefe ist bzw. das Weltall mit seinen Tiefen trägt. Die Erfahrung ist paradox, aber tröstlich, dass der Schöpfer, *der das Weltall trägt mit seinen Tiefen*, ausgerechnet auf *die Kleinen* (vgl. Mt 18,6.10.14) *wartet* und uns *empfängt*.

Jürgen Henkys hat selbst darauf hingewiesen, dass das Lied in einem frühen Druck bei Ellingsen zweigeteilt ist, so dass die Strophen 1 bis 3 vor, die Strophen 4 bis 6 nach der Taufe gesungen werden können.[16] M. E. kann man sogar alle Einzelstrophen den Bestandteilen der Taufliturgie zuordnen, somit Str. 4 dem vor der Taufe gesprochenen Glaubensbekenntnis (*eint im Glauben*). Bezüglich des Gedankens *eint im Glauben* sei daran erinnert, dass im Januar 1982, als Henkys das Lied übertrug, in Lima (Peru) auch die sog. Lima-Erklärung über Taufe, Eucharistie und Amt[17] veröffentlicht und die Lima-Liturgie gefeiert wurde. Rätselhaft wirkt der Beginn der vierten Strophe: *Deine Liebe wirkt die neue Schöpfung,/ öffnet, die sonst fest verschlossen wären.* Während mit der neuen Schöpfung auf 2. Korinther 5,17 angespielt wird, bleibt unklar, wer hier „geöffnet" wird:

[12] BSELK, 1112,15–17.

[13] Vgl. den Kommentar zu EG 202 in HEG III, H. 18 (2013), 22–29.

[14] Die deutsche Interlinearübersetzung hat mir Svein Ellingsen am 18.1.2018 freundlicherweise übersandt. Im norwegischen Original heißt die letzte Zeile: *Det som skjer i dåpen, gir oss trygghet*, vgl. Norsk salmebok 2013, Nr. 586.

[15] Vgl. auch Ellingsens Lied in Henkys' Übertragung: *Dort, wo alles sinnlos aussieht* mit dem Vers *Unter allen Tiefen – Du!* Vgl. dazu den Aufsatz von Jürgen Henkys, „Unter allen Tiefen – Du". Trost in den Liedern von Svein Ellingsen (2010), in ders., Dichtung, Bibel und Gesangbuch, Göttingen 2014, 242–254.

[16] Vgl. Meyer, 110 f.

[17] Taufe, Eucharistie und Amt. Konvergenzerklärungen der Kommission für Glauben und Kirchenverfassung des Ökumenischen Rates der Kirchen, Frankfurt am Main und Paderborn 1982.

Menschen, Herzen, Türen, Strukturen? Im norwegischen Text ist wohl die Wiedergeburt zu einem „offenen Leben“ gemeint.[18]

Strophe fünf reflektiert nicht nur die Vergänglichkeit des Menschenlebens (Verlöschen des Lebenslichtes), sondern angesichts des Taufversprechens der Eltern und Paten auch die mögliche menschliche Unzuverlässigkeit. Ungeachtet dessen gilt: *Deine Taufversprechen bleiben./ Wir verlöschen. Deine Kerze leuchtet.*[19] Die norwegische Taufliturgie bietet an, unmittelbar nach der Taufe, unter Hinweis auf Johannes 8,12, eine Taufkerze anzuzünden.

Zu Beginn der Schluss-Strophe formuliert Henkys: *Du bist reicher, als wir sagen können.* Hier wird der unaussprechliche Reichtum nicht nur auf das Geschenk der Taufe bezogen wie bei Ellingsen, sondern auf Gott selbst. Das Lied schließt mit der Bitte um Hilfe, aus der Taufe zu leben. Kunstvoll werden die Gefühle, mit denen die Menschen zur Taufe gekommen waren: *voller Freude, bange, staunend* gleichsam rückwärts noch einmal aufgerufen, wobei aus dem *bange* der zweiten Strophe ein positives *unerschrocken* geworden ist. Das Lied schließt, wie es begonnen hat: *Fylt av glede – Voller Freude.*

Fylt av glede war zunächst mit einer 1971 entstandenen Melodie von Knut Nystedt verbunden, die sich nicht durchgesetzt hat. Erst mit der in Norwegen vielfach rezipierten Weise von Egil Hovland wurde das Lied auch in deutschen Landeskirchen bekannt, bekam der Text „Flügel“.[20] In seinem schon erwähnten Brief vom 15.11.1981 vertraut Ellingsen Henkys an: „Personally I am very fond of the melody.“

Hovland hat aus der dreizeiligen Strophe eine vierzeilige Melodie gemacht, indem die dritte Verszeile jeweils wiederholt wird. Entstanden ist eine Melodie, die die titelgebende Freude nicht ekstatisch sprunghaft, sondern verhalten und zart durch einen Vorhalt – und den Nachdruck durch zwei halbe Noten zum Ausdruck bringt.

Die Melodie verläuft in vier ähnlich gebauten Zeilen, die jeweils aus sieben bzw. sechs Grundschlägen bestehen. Während die erste Zeile die Freude (1. Strophe) metrisch betont (zwei Halbe), erlaubt sich die letzte Zeile eine Ligatur am Schluss, so dass diese sieben Halbe-Grundschläge zählt. Ansonsten wird der aus jeweils fünf Trochäen bestehende Text streng deklamiert, wobei sowohl der norwegische als auch der deutsche Dichter auf das Stilmittel des Endreims verzichtet. Die schrittweise über die Dominante absteigende und auf Halbe verlangsamte Rückkehr zum Grundton begegnet oft im Kirchenlied, z. B. bei *O Welt, ich muss dich lassen, Mach's mit mir, Gott, nach deiner Güt, Nun danket all und bringet Ehr, O du fröhliche* u. v. a. Weiter fällt auf, dass jede Verszeile mit einer Tonwiederholung beginnt, ein Stilmittel, das Hovland oft verwendet.[21] Im Ganzen begegnen acht, in jeder Zeile zwei Tonwiederholungen. Die durchgehend

[18] Aus Ellingsens Interlinearübersetzung: „Durch deine Tat, durch den Willen der Liebe sind wir wiedergeboren zum Leben in Christus zu einem offenen Leben im Glauben und Vertrauen.“ Vgl. auch Norsk salmebok, Nr. 586.

[19] Nach Egerer 2002 ist es „nahezu einmalig, daß zentrale Bestandteile der Tauffeier, ‚Taufversprechen‘ […] und (Tauf)-‚Kerze‘ […] im Gesangbuch Erwähnung finden“.

[20] S. Ellingsen in Meyer, 85.

[21] Vgl. die 15 Hovland-Melodien in J. Henkys' Liedsammlung „Frühlicht erzählt von dir“, sowie weitere vier in der posthum erschienenen Liedsammlung „Du hebst die Erde an das Licht“, München 2016.

gedämpfte Stimmung wird auch durch den relativ kleinen Tonumfang von einer Sexte unterstrichen, wobei die ersten drei Verszeilen über einen Quartumfang nicht hinauskommen, in der letzten Zeile beträgt der Tonumfang fünf Töne. Der Melodieverlauf entspricht weitgehend der Tempobezeichnung Andante („gehend")[22], jedoch sind auch fünf Quartsprünge zu verzeichnen. Mit der Gottesanrede dir/du in der dritten Zeile der ersten Strophe erreicht die Weise ihren melodischen Höhepunkt. Die EG-Notierung in Vierteln und Halben dürfte zu der von Jürgen Henkys erbetenen „nicht zu rasch[en]" Singweise beitragen.[23]

Bernhard Schmidt

[22] So in „Norsk salmebok 2013", wo das Lied in E-Dur und im 2/4-Takt notiert ist.

[23] In Meyer, 111.

365 Von Gott will ich nicht lassen

EG 365(ö) RG 671(ö) (EM 143[ö]; 346) CG 867

Text

Verfasser Ludwig Helmbold **Entstehung** 1563/1564 vgl. Kommentar **Quellen** [a] Einzeldruck, nicht mehr nachweisbar; überliefert in: *Das alte Thüringische Lied: Von GOtt will ich nicht lassen* (Joh. Ch. Olearius) 1719, vgl. Kommentar * (b) *Hundert Christenliche Haußgesang,* Nürnberg 1569 **Überschrift** (a, nach Olearius) *EIn Gottförchtiger und lieblicher Gesang: Inn den Druck gegeben zu Ehren und Wohlgefallen, der Tugendsamen Frawen Reginen Helbichin, Ehegemahl, des Hochgelarten Herrn Doctoris Pangratii Helbich, jtziger Zeit Rectoris, inn der Hohen Schul zu Erffurdt, meines großgünstigen Heren, Freundes und Gevatters,* vgl. W IV,903 * (b) *Ein schön Geystlich Liede, In Sterbens leufften tröstlich zusingen, Im Thon: Ich gieng eins mals spacieren* **Ausgabe** W IV,903–905 **Strophenbau** A7/3a- A6/3b, A7/3a- A6/3b, A6/3c A7/3d- A7/3d- A6/3c Frank 8.6 **Abweichungen** (a) 1,5 *Reichet* mir *sein* Hand; 1,8 *sey wo ich woll* im; 2,5 *Hilfft inn* aller; 3,5 Ihm *seis* heimgestellt; 4,5 *Seinen lieben* Sohn; 4,8 Lobt *jn ins*; 5,5 *Sunst* verdirbt; 6,3 *Wedr* Ehr; 6,4 *das vor ward* groß; 6,5 *Ja auch* nach; nach 6: 7. *Die Seel bleibt unverloren*; 7,1 *Darumb ob ich* schon; 7,2 *hier* Widerwärtigkeit; 7,5 *Aller* Freuden; 7,6 *dieselb ohn einigs* Ende; 8,4 erworben *und Genad*; 8,5 *Gott* der (Abweichungen nach W IV,903) * (b) 1,5 *Recket* mir; 1,8 *sey wo* ich *wöll* im; 2,3 *Findt* sich Gott *mit gedulde*; 2,5 *Hilfft auß* aller; 4,5 *Ja seinen lieben* Sohn; 4,8 *lob jn ins* Himmelsthron; 5,5 *Sonst verdirbet* all; 5,7 *sollen wir* selig; 6,2 *stoltzen* Pracht; 6,3 *Weder* Ehr; 6,4 *welchs vor war* groß; 6,5 *Der halben* nach; nach 6: 7. *Die Seel bleibt unverloren*; 7,1 *Darumb ob ich* schon; 7,2 *hie* Widerwärtigkeit; 7,5 *Wol* aller; 7,6 *dieselb* ohn *einigs* Ende; 8,4 *erworben uns genad*; 8,5 *Gott der heilige GEJST* (Abweichungen nach W IV, 904) * RG: 2,3 *findt sich* Gott *mit Gedulde*; 4,5 *ja seinen lieben* Sohn; ohne Str. 6 und 7 * EM: aufgrund der anderen Weise verdoppelt sich die letzte Zeile jeder Strophe * CG: ohne Str. 2; 4,5 *ja seinen lieben* Sohn; 5,2 *für alles, was er* schenkt; 5,6 die *man zubringt*; 5,8 und *sein*; ohne Str. 6 u. 7 **Verbindung TM** (b) ohne N, mit der in der Überschrift genannten M ist die im EG gebrauchte gemeint (s. u. Melodie) * eigene Mn: Z III,5265 (DKL 1575[11]; allerdings handelt es sich hier um die Cantus-Stimme eines vierstimmigen Satzes, der die Melodie EG 365 im Bass enthält, vgl. DKL III/2, Textbd., 95 f); Z III,5266a (Crüger, DKL 1640[04]); Z III,5266b (Kühnau, DKL 1786[15]) * weitere: Z III,5270 (*Freut euch, ihr Christen alle,* unterlegt: Berlin 1887); EM 346 (Heinrich Schütz 1628 = EG 276 *Ich will, solang ich lebe*)

Melodie

Incipit 1 123b12_-7b **Vorlagen** *Madre non mi far monaca/ Une jeune Fillette/ Ich ging einmal spazieren*; geistlich: *Helft mir Gotts Güte preisen* (vgl. DKL III/1.1,B76) **Quelle** *Christliche vnd Tröstliche Tischgesenge* (Joachim Magdeburg), Erfurt 1572 (DKL 1572[07]) **Ausgaben** Z III,5264b; B II,285; Erk-Böhme III,2000; DKL III/2,B76A **Ambitus** G: 8; Z: 45(45)4444 **Abweichungen** ¢; vor Z. 1 Halbe-, Viertelpause; Z. 1: N 1 *f'*, N 2–3 punktierte Viertel mit Achtel, N 5 *b'*, N 7 *a'*; Z. 2 N 6 punktierte Halbe (bei der Wiederholung Ganze) ohne Pause; Z. 5 ohne N 4 (*Er* am Versbeginn fehlt), N 6 punktierte Halbe ohne

Pause; Z. 8 N 1–2 *d' e'* (Text: *sei wo ich woll im Land*), N 5 ohne ♯, N 6 Ganze * RG, EM: 4st. Satz (nach Hans Leo Haßler 1608); Taktvorzeichnung 2/2 **Verbindung MT** in der Q wie EG * weitere: *Mit Ernst, o Menschenkinder* (EG 10/EKG 9/GL 113/RG 364/EM 143) * *Helft mir Gotts Güte preisen* (EG-Regionalteile/EKG 37) * *Geh hin nach Gottes Willen* (EKG 387)

Literatur

HEKG (Nr. 283) I/2, 431–433; II/2, 89; III/2, 265–267; Sb 441–443; HEG II, 139 f mit Ergänzungen von Wolfgang Herbst in JLH 40 (2001) 175 ** ThustB, 325 f/Nf, 302 f; ThustL II, 198–201 ** Koch (^{3}1866–1877) VIII, 365–370; KLL (1878–1886) II, 308–310; Nelle (^{3}1924/1962) Nr. 367; Schlunk (1951) 336; Bruppacher (1953) 294 f ** Fornaçon, Siegfried: Von Gott will ich nicht lassen, MuK 25 (**1955**) 66–68 * Gennrich, Friedrich: Die Kontrafaktur im Liedschaffen des Mittelalters, Langen **1965**, 205.261 f * Erb, Jörg: Dichter und Sänger des Kirchenliedes, Bd. 2, Neuhausen-Stuttgart 1973, 36 f * Rössler, Martin: Bibliographie der deutschen Liedpredigt, Nieuwkoop **1976**, 274 * Wendland, John: „Madre non mi far Monaca", Aml 48 (**1976**) 190–192 * Sauer-Geppert **1984**, 80 * Roser, Hans: Lieder der Christenheit, Neukirchen-Vluyn 1995, 112 f * Scheffbuch, Beate und Winrich: Dennoch fröhlich singen. So entstanden bekannte Lieder (Bd. 2), Holzgerlingen ^{2}**2001**, 233 f

Ludwig Helmbolds *Von Gott will ich nicht lassen* ist ein Schicksalslied und ein Vertrauenslied zugleich. Es kommt aus der Tiefe der menschlichen Existenz und aus der Tiefe des christlichen Gottvertrauens.

Seit A. F. W. Fischer 1879 wird behauptet, Ludwig Helmbold hätte das Lied Regina Helbich, der Frau seines Universitätskollegen Pankratius Helbich, gewidmet, bevor beide die Stadt Erfurt 1563 wegen einer Pestepidemie verlassen mussten. Fischer hatte in seinem bekannten Kirchenliederlexikon auf einen Aufsatz von Johann Christoph Olearius[1] verwiesen:

> „Ueber die Veranlassung des Liedes berichtet Olearius in seiner Monographie S. 21. Im Jahre 1573[2] wüthete die Pest in Erfurt, wo Helmbold als Prof. publ. und Fac. phil. Assessor Vorlesungen über die Dichtkunst hielt. Viele Einwohner ergriffen die Flucht. Unter den Fliehenden befand sich auch die Familie des Rectors Helbich, mit welcher Helmbold innig befreundet war. Den Scheidenden zu Trost und zur Stärkung dichtete er sein Lied. Er widmete es der Frau Helbich, die bei seiner ältesten Tochter Gevatterin war, mit einem besonderen Zueignungsgedicht."[3]

[1] Das alte Thüringische Lied: Von GOtt will ich nicht lassen etc. welches ein vornehmer Thüringer / in der vornehmsten Thüringischen Stadt / Errfurdt / vor 155. Jahren aufgesetzt [...] hat nebst etlichen Anmerckungen [...] wieder aufflegen lassen ein Thüringischer Lieder-Freund / Joh. Christoph. Olearius – Gedruckt zu Arnstadt in Thüringen / A. C. 1719. – Digitalisat https://archive.thulb.uni-jena.de/ufb/receive/ufb_cbu_00011302.

[2] Hier liegt bei Fischer wohl ein Druckfehler vor. Es muss 1563 heißen.

[3] Fischer, 308.

Seitdem wird diese durchaus glaubhaft klingende Ätiologie des Liedes fortgeschrieben, auch von namhaften Hymnologen wie Wilhelm Nelle (1924), Siegfried Fornaçon (1955) und Hans-Christoph Piper (1990), zuletzt von Karl-Christian Thust (2015). Vor Fischer hatte 1876 bereits Eduard Emil Koch in seiner Geschichte des Kirchenliedes diese Entstehungslegende verbreitet, ohne allerdings die Quelle zu nennen (Koch VIII, 365). Woher Koch und Fischer diese Information haben, ist nicht feststellbar. Von Olearius stammt sie nicht.[4] Tatsächlich teilt Olearius in besagtem Aufsatz auf S. 21 mit:

> Daraus so viel erhellet / daß gedachter D. Pangratius Helbichius, am Tage Lucae des Evangelisten A. C. 1563 sey Rector Acad. worden / und solches Amt im folgenden 1564. Jahre bey Ihme auch geblieben / wäre also A. C. 1563. oder 1564. dieses Lied verfertiget worden / darzu vielleicht Anlaß gegeben / daß unter diesem Rectore im Augustiner Kloster das Gymnasium angeleget worden [...] da denn etwan der Herr Rector Helbich den Ludovicum Helmboldum vor andern zur Profession oder Con-Rector-Stelle / [...] recommendiret und befördert hat / dafür dieser zur Danckbarkeit unser Lied gemacht und in Form eines Patents in Erffurt / der Fr. D. Helmichin zu Ehren und Wohlgefallen drucken lassen.

Demnach hätte sich Helmbold mit Lied und Widmung für die Beförderung zum Konrektor bedankt. Dass die Dichtung des Liedes auf dem Hintergrund einer Pestepidemie und einer möglichen Flucht der Familie Helbich erfolgte, kann nicht belegt werden. Fest steht nur, dass Helmbold das Lied der Regina Helbich gewidmet hat.[5] In der Widmung klingt es freilich so, als sei Pankratius Helbich Pate gewesen, dagegen behauptet zuerst Koch – und nach ihm viele andere –, Regina Helbich sei die Patin von Helmbolds ältester Tochter gewesen (Koch II, 241).

Das Lied erschien bereits 1563 auf einem verschollenen Einzeldruck, den Johann Christoph Olearius 1719 noch in Händen hielt.[6] Erhalten sind Kolers „Hundert Christenliche Haußgesang“, Nürnberg 1569, in denen sich das Lied unter der Nr. LXXXI. befindet[7], jedoch in überarbeiteter Form, ebenso in Heinrich Knausts „Gassenhawer, Reuter vnd Bergliedlin, Christlich moraliter, vnnd sittlich verendert“, Frankfurt a. M. 1571 (vgl. W IV,903). Weil aus dem Einzeldruck von 1563 der Verfasser nicht hervorging, wurde das Lied lange Nikolaus Herman und anderen Dichtern, sogar Martin Luther, zugeschrieben.[8] Olearius gebührt das Verdienst, die Verfasserschaft zweifelsfrei geklärt zu haben.[9]

[4] Auch in anderen hymnologischen Publikationen des Autors findet man sie nicht, vgl. z. B. Johann Christoph Olearii, hala magdeb. Evangelischer Lieder-Schatz [...] Anderer Theil, Jena 1705, 118–123.

[5] Zum Wortlaut der Widmung s. HN, W IV,903. – Dass es zwischen 1562 und 1564 eine Pest in Erfurt gab, ist allerdings durch die Erfurter Stadtchronik bezeugt, vgl. www.erfurt.de/ef/de/erleben/entdecken/geschichte/chronik.

[6] Olearius, Das alte thüringische Lied, 4. Vgl. RISM 1564[11].

[7] Vgl. W IV,904.

[8] Selbst Olearius ordnete noch in seiner Liederbibliothek von 1702 das Lied Nikolaus Herman zu, vgl. J. C. Olearius, Kurtzer Entwurff einer nützlichen Lieder-Bibliothek [...] Arnstadt 1702, 49.

[9] Vgl. Olearius, Das alte Thüringische Lied, 13 f.

Zum Inhalt: Koch listet das Lied *Von Gott will ich nicht lassen* mit der Bemerkung auf: „Für Regine Helbich in Erfurt 1563 über Psalm 73,23 gedichtet …"[10] Allerdings ist der Bibelvers als Referenz in den alten Drucken des Liedes nicht zu finden. Ob sie von Helmbold selbst oder nur einer frommen Assoziation entstammt, lässt sich nicht entscheiden. Im Unterschied zu Psalm 73,23, wo von *meiner rechten Hand* die Rede ist, spricht Helmbold von Gottes Hand. Zwar lässt das gegenseitige Festhalten an den genannten Psalmvers denken, mehr noch allerdings an das Nichtloslassen bei Jakobs Kampf am Jabbok, vgl. 1. Mose 32,27, das in Luthers Übersetzung prägnant lautet: *Ich lasse dich nicht, du segnest mich denn.* Bei der Führung *durch alle Straßen* hat man oft an Psalm 23 gedacht. Dagegen wies Olearius kritisch darauf hin, dass Helmbold ausdrücklich nicht gedichtet habe, *führt mich auf rechter Straße*, sondern *durch alle Straßen*, womit auch die Straßen gemeint seien, die uns nicht *recht* dünken.[11] Die Wendung *den Abend und den Morgen* erinnert an das biblische Tagesverständnis.[12] Die ganze 1. Strophe thematisiert die Erfahrung von Flucht und Fremdsein, aber auch die Erfahrung der Geborgenheit in Gott. Mit *Land* dürfte das territorial zersplitterte Deutschland gemeint sein, ähnlich wie in dem wenig früher entstandenen Lied *Wach auf, wach auf, du deutsches Land* von Johann Walter (EG 145).

Während die 1. Strophe ein schicksalhaftes Umherirren insinuiert, handelt Strophe 2 von der Erfahrung, in Ungnade zu fallen. Der Dichter wird eine solche Erfahrung später selbst machen, wenn er im Zuge der erstarkenden Gegenreformation Erfurt verlassen muss (vgl. HEKG II, 100 f). Doch Gott hilft *aus aller Not.* Helmbold nennt beide Nöte, die selbst- und die fremdverschuldete Not. Gott errettet mit *Macht und Gnad* von *Sünd und Schanden* wie von *Ketten und Banden*, aus Haft und Todesgefahr. So ist die Wendung *und wenn's auch wär der Tod* wohl zu deuten.

Die 3. Strophe kehrt zur Ich-Form zurück und bündelt das bisher Gesagte. Gott begleitet nicht nur, sondern *wendet alles Leid.* Er wacht über *Leib und Seel und Leben.* Diese Drillingsformel begegnet auch in Helmbolds *Nun lasst uns Gott dem Herren* (EG 320,2). Der Ausdruck *Leib und Seele* begegnet sowohl in der Lutherbibel (z. B. Ps 73,26) als auch in Luthers populären Schriften und Liedern, z. B. im Morgen- und Abendsegen, im Glaubenslied (EG 183,1) und im Kleinen Katechismus[13], die Verbindung von „Leib

[10] Koch II, 245. Ähnlich VIII, 365, wo er das Lied wie folgt einführt: „Von dem ‚deutschen Assaph', Ludwig Helmbold […], 1563 über Psalm 73,23: ‚Dennoch bleibe ich stets an dir' gedichtet, und zuerst auf einem Einzeldruck veröffentlicht." – Die Psalmen 73 bis 83 werden Asaf zugeschrieben. Das Epitheton „deutscher Assaph" hatte bereits Olearius übernommen.

[11] Vgl. Olearius, Das alte thüringische Lied, 12.

[12] P. Gerhardt (EG 449,4) und D. Bonhoeffer (EG 65,7) werden diese Wendung später ebenfalls aufgreifen.

[13] Vgl. BSELK, 870,10 (Der Glaube, erster Artikel), 890,25 (Morgensegen), 892,9 (Abendsegen). Die Formel „Leib und Seele" bringt Luthers Anthropologie auf den Punkt, die er in seiner Disputatio de homine (1536) in These 21 klassisch formulierte: „Scilicet, quod homo est creatura Dei, carne et anima spirante constans …" WA 39 I, 176 („Es ist klar, dass der Mensch ein Geschöpf Gottes ist, bestehend aus dem Leib [wörtlich: Fleisch] und einer lebendigen Seele").

und Leben“ ebenfalls im Kleinen Katechismus, die Drillingsformel „Leib, Seele und Leben“ im Großen Katechismus.[14]

Mit Strophe 4 treten wir mittels einer Stichwortanknüpfung *gefällt/gefallen* in den christologischen Teil des Liedes ein. Aus *ich* wird *wir*. Dass Gott es gut meint *mit uns allen*, merken wir daran, dass er uns seinen eingeborenen Sohn schenkt (vgl. Joh 3,16). Dabei ist der Ausdruck *durch ihn er uns bescheret, was Leib und Seel ernähret* auf Wort und Sakrament bezogen.[15]

Wiederum per Stichwortanknüpfung *Lobt Gott … / Lobt ihn …* folgt die 5. Strophe, die das Lob Gottes *mit Herz und Munde* zur Bedingung eines gelingenden bzw. seligen Lebens erklärt, alles andere ist Zeitverschwendung (*denn sonst verdirbt all Zeit*).

Die 6. Strophe schließt sachlich an die vorige an. *Auch wenn die Welt vergehet mit ihrem Stolz und Pracht*, wird Gott uns aus Tod und Grab auferwecken, so wie er Jesus aus der Tiefe des Grabes erweckt hat.

Die im EG fehlende 7. Strophe lautet: *Die Seel bleibt unverloren,/ gefürt in Abrams Schos;/ Der Leib wird neu geboren,/ von allen Sünden los,/ Heilig, rein und zart,/ ein Kind und Erb des HERREN,/ daran muß jn nicht irren / des Teuffels listig Art.* EKG 283,7 las in der vorletzten Zeile: *daran muß uns nicht irren.* Doch Helmbold kehrt in den Singular zurück i. S. v.: daran muss einer/ich nicht irre werden. Denn hier geht es um das Schicksal der einzelnen Person. Wie in Lukas 16,22 wird das Leben nach dem Tod für die Gerechten als ein Ruhen in Abrahams Schoß vorgestellt, vgl. auch Martin Schalling in EG 397,3. Die aus der mittelalterlichen Theologie und Frömmigkeit übernommenen Vorstellungen von der Unsterblichkeit der Seele und der Auferweckung des Fleisches stehen hier nebeneinander.[16]

Mit der 8. Strophe (EG 365,7) kehrt Helmbold zum Anfang zurück. Ausdrücklich spricht er hier nicht nur von schicksalhafter, sondern auch von *verschuldet*er *Widerwärtigkeit.* Der *aller Freuden vollen* Ewigkeit wird der Christ nur dadurch teilhaftig, dass er Christus kennt. Dieses Kennen ist ein sowohl Schuld be-kennendes als auch glaubendes Kennen, so wie in Luthers Pfingstliedern (EG 124,2: *Lehr uns Jesus Christ kennen allein*, vgl. auch EG 126,6).

Das Lied schließt mit einer trinitarischen Strophe, durch die Gott, der Vater und Schöpfer, Gott, der Sohn und Erlöser, und Gott, der Heilige Geist, der den Glauben wirkt und uns zum Himmel und zum ewigen Leben führt, gelobt, geehrt und gepriesen

[14] Kl. Kat. BSELK, 870,13 (Der Glaube, erster Artikel), Gr. Kat. BSELK, 1050,24 (Der Glaube, erster Artikel).

[15] Luther über das Abendmahl im Großen Katechismus: „Darumb heisset es wol eine Speise der Seelen, die den neuen Menschen nehret und stercket …“ (BSELK, 1138,23 f).

[16] Knapp 50 Jahre später bringt Leonhard Hutter die lutherische „Normaltheologie“ auf den Punkt. In seinem Standardwerk „Compendium locorum theologicorum“, krit. hg. v. Johann Anselm Steiger, Teilband 1, Stuttgart-Bad Canstatt 2006, schreibt er: „Der leibliche Todt ist nichts anders / als eine Aufflösung der Natürlichen Vereinigung / durch welche die Seele vom Leibe gesondert wird“ (Locus XXIX, 579). „Die Seele ist ein unsterblicher Geist / welcher / nachdem er vom Leibe abgeschieden ist / dennoch lebendig bleibt“ (583). Das Ruhen der gerechten Seelen in Abrahams Schoß (Lk 16,22) wird als ein Sein in Gottes Hand gedeutet (585), ein Bild, das auch Luther verwendet, vgl. sein Vaterunser-Lied (*nimm unsre Seel in deine Händ*, EG 344,8).

wird. Schon Olearius hat die symbolische Struktur des Liedes erkannt, wenn er über Helmbold in seinem o.g. Aufsatz schreibt, es sei „dessen größtes Studium [Mühe] gewesen / seine Poesin also anzuwenden / daß Gottes Werck dadurch möchte befördert und verkündiget werden / nach allen 3. Artickeln“[17].

Mit *Von Gott will ich nicht lassen* hat der Poetik- und Rhetorikprofessor Ludwig Helmbold 1563 ein deutsches Lied von wohlklingenden Zeilen und überwiegend reinen Reimen sowie mit einer durchgehenden Übereinstimmung von Wort- und Versakzent vorgelegt, wie es Martin Opitz 60 Jahre später fordern wird.

Dass die Weise zuerst da war und Helmbold zu seiner Dichtung inspiriert hat, wissen wir von ihm selbst. In seinem Widmungsgedicht (W IV,903) schreibt er:

> Darumb weil diese Melodei / so lieblich ist an stimmen,/ Daß ein Gottsförchtigs hertz darbey / inn freuden möchte schwimmen, Hab ich darunder wort gefügt / welch jedermann mag singen, / er sey worinn der wöll geübt,/ soll ihm keinn schaden bringen.

Zur Herkunft der Weise teilt Johann Christoph Olearius mit, „daß die Melodie von einem alten Liede hergenommen / welches sich also anfängt: Ich gieng einmahl spazieren etc. oder: Einsmahls gieng ich spazieren ein Weglein / das war klein etc. [...] (vid. Bonnisch Gesangb. edit. 12. 1564)“[18] (DKL 1564^{04}). Siegfried Fornaçon hat schon 1955 nachgewiesen (Fornaçon 1955), dass es sich bei der Melodie *Einmal tät ich spazieren* um die Weise eines Jagdliedes handelt, die um 1550 entstand und zu Helmbolds Zeit mehrfach kontrafiziert wurde. So ist z. B. die Umdichtung in ein geistliches „Wegelied“ bekannt geworden. Aber die Melodie tauchte bereits vorher in Frankreich und den Niederlanden auf. 1557 erschien in Lyon eine Liedersammlung („Recueil de plusieurs chansons divisé en trois parties“), in der sich eine Variante unserer Melodie mit dem Text *Une jeune fillette* zu einem Chanson verband. Wenig später begegnet die Melodie auch in den Niederlanden in einem patriotischen „Geusenlied“. Aber Helmbolds Kontrafaktur von 1563 ist die älteste uns bisher bekannte geistliche Verwendung der Melodie geblieben.

Gegenüber seiner Vorlage hat Helmbold eine metrische Veränderung vorgenommen. Der Abgesang, Zeile fünf, begann trochäisch mit einer Hebung und hatte nur fünf Silben: *Reichet mir sein Hand, Hilft in aller Not* usw. (vgl. Z III,5264b). Diese Eigentümlichkeit haben nur wenige Gesangbücher übernommen, schon Koler hat sieben der neun Strophen durch Herstellung des jambischen Dreihebers beruhigt, z. B. *Recket mir seine hand* oder *Jm sey es heimgestelt.* Weitgehend durchgesetzt hat sich die Lesart des Leipziger Gesangbuchs von 1586.[19] Dieser 8-zeilige Strophentyp dürfte eine Modifikation des „Hildebrandstons“ sein, welcher sich durch einen doppelten Kreuzreim auszeichnet (z. B. *Befiehl du deine Wege*), während sich im Abgesang unseres Liedes ein „umarmender Reim“ mit zwei unbetonten Endungen in den mittleren Zeilen findet, wodurch ein größerer Fluss und Bogen entsteht.

17 Das alte Thüringische Lied 14.

18 AaO. 21 f.

19 Vgl. KLL II,309; W IV,903 und 904.

In ihrer jetzigen Form weist die Melodie große Ausgewogenheit und ein Gleichgewicht von Bewegung und Ruhe auf, was auch daher rührt, dass alle acht Verszeilen rhythmisch gleich gebaut sind, indem auf fünf kurze Noten jeweils eine lange Note folgt. So passt sich dieses „Pilgerlied“ (Nelle) dem natürlichen Schritt-Tempo an und kann beim Schreiten gesungen werden. Auch melodisch kommt der Choral dem Sänger entgegen, da Tonwiederholungen (8×), Tonschritte (21×) und Terzsprünge (5×) vorherrschen. An größeren Sprüngen sind lediglich am Ende des Stollens ein Quintfall, zu Beginn des Abgesangs ein Oktavsprung sowie im vorletzten Takt ein Quartsprung zu verzeichnen. Ein gleichsam natürliches Melos zeigt sich auch darin, dass viele Liedzeilen einen Ton durch Sekundüber- und -unterschreitung umspielen, z. B. die erste Zeile das *a'*, die fünfte Zeile das *b'*, die sechste Zeile das *c'* usw., wodurch die Behauptung der 1. Strophe (*denn er lässt nicht von mir*) unterstrichen und ein schützendes Umgebensein gleichsam ver-tont wird. Man bezeichnet die Tonart gern als „hypodorisch“, was bedeutet, dass bei einem Grundton (Finalis) *g'*, der Repercussions- bzw. Rezitationston *b'* und der tiefste Ton (Subtonus) *d'* ist. Doch nicht nur die – zumindest im Stollen – schwindende Bedeutung des Repercussionstons *b'* (7×) gegenüber der Dominanz des Grundtons *g'* (10×), sondern auch die Schlusskadenzen in T. 5 und T. 11 lassen die kommende Dur-Moll-Tonalität ahnen. Harmonisch kann man die Weise getrost als g-Moll-Melodie betrachten und sie entsprechend begleiten.

Das Lied steht im EG unter der Rubrik „Angst und Vertrauen“. Auch wenn die anrührende Geschichte von der Flucht der Familie Helbich vor der Pest ins Reich der Legende gehören sollte, hat Helmbold mit *Von Gott will ich nicht lassen* ein Lied geschaffen, das flüchtenden und umherirrenden, verfolgten und angefochtenen Menschen heute und zu allen Zeiten Halt und Trost geben kann.

Bernhard Schmidt

367 Herr, wie du willst, so schick's mit mir

Text

Verfasser Kaspar Bienemann (Melissander) **Entstehung** 1574 **Quelle** *Betbüchlein Vnd Christlicher Vnterricht* (Caspar Melissander) Leipzig 1582 **Überschrift** *Reimspruch/ Vnd tegliches Gebet/ der Durchleuchtigen vnnd Hochgebornen Fürstin vnd Frewlin/ Frewlin MARJA/ geborne Hertzogin zu Sachsen/ Landgreuin in Düringen/ vnd Marggreuin zu Meissen. HErr Wie Du Wilt* **Ausgabe** W IV,1046 **Besonderes** Akrostichon H[erzogin] Z[u] S[achsen] **Strophenbau** A8/4a A7/3b- A8/4a A7/3b-, A8/4c A8/4c A7/3x Frank 7.7 ‚Lutherstrophe' **Abweichungen** 3,1 Sol ich *denn* einmal nach *deim* Rath; 3,7 durch *Jesum Christum* **Verbindung TM** in der Q steht unter dem Lied: *Diese drey* [es gehen noch zwei Lieder Bienemanns in gleichem Strophenbau voraus] *Fürstliche Reimsprüche werden gesungen im Thon O HERR Regier Mich Durch Dein Wort.* [nicht identifiziert] *Oder in der weise, Nu frewd euch lieben Christen gemein* [dieser Text ist mit verschiedenen Melodien verbreitet, s. EG 341]. *Oder, Ach Gott vom Himmel sich darein* [dieser Text ist mit verschiedenen Melodien verbreitet, s. EG 273], *Es spricht der vnweisen Mund wol* [dieser Text ist mit verschiedenen Melodien verbreitet, s. EG 196], *etc* * in der Ausgabe 1592 Tonangabe: *Aus tieffer Noth schrey ich zu dir* [dieser Text ist mit verschiedenen Melodien verbreitet, s. EG 299; Z III,4438b] * eigene Melodien: Z III, 4613–4618 (1648–1720) * weitere Zuweisungen: Z III,4587b (1751, 1753); Z III,4622b,c (1710,1738)

Melodie

s. *Aus tiefer Not schrei ich zu dir* (EG 299 II)

Literatur

HEKG (Nr. 285) III/2,268f; Sb 444f. 518; HEG II, 39f ** ThustB, 327/Nf, 304; ThustL II, 203–205 ** Koch ([3]1867/1973) VIII, 370–373; KLL I (1878/1967), 287; Nelle ([3]1924/1962), Nr. 368; Bruppacher (1953), 295 ** NELLEG [4]**1962**, 92 * RÖSSLER, Martin: Bibliographie der deutschen Liedpredigt, Nieuwkoop **1976**, 255 * KADELBACH, Ada: Das Akrostichon im Kirchenlied. Typologie und Deutungsansätze, JLH 36 (**1996/97**) 175–207 (bes. 194) * DIES.: Die geistlichen Lieder Philipp Nikolais und die höfische Akrostichtradition, in: Friedhelm Brusniak/Renate Steiger (Hg.), Hof- und Kirchenmusik in der Barockzeit. Hymnologische, theologische, und musikgeschichtliche Aspekte, Sinzig **1999**, 221–245 (bes. 223)

Das Gedicht war tägliches Gebet der *H*erzogin *z*u *S*achsen, auf die das Akrostichon der drei Strophenanfänge (H-Z-S) hinweisen könnte. Die Herzogin Maria zu Sachsen (1571–1610)[1] war von 1601 bis zu ihrem Tod Äbtissin des Stiftes Quedlinburg, einer

[1] Zu ihrer Beerdigung nach einem tödlichen Reitunfall komponierte Johann Hermann Schein die Motette *Ich will schweigen.*

Einrichtung für unverheiratete Damen und Witwen hochadliger Familien, in der ein besonders gottwohlgefälliges Leben geführt wurde und wo die persönliche Frömmigkeit eine zentrale Rolle spielte. Die erste Strophe ist ganz von Ergebenheit in den Willen Gottes geprägt. Sie bringt zugleich die Bitte um Schutz (*lass mich, Herr, nicht verderben. / Erhalt mich nur in deiner Huld*) zum Ausdruck. Um auch schweres Geschick tragen zu können und darin dem Willen Gottes zu entsprechen, ist die Bitte um Geduld folgerichtig. Die zweite Strophe rückt die Liebe zu Gottes Wort und die Bewahrung von *falscher Lehr* ins Zentrum, das zugleich die Mitte des Liedes ist. Die Reinheit der Lehre ist im Zeitalter der konfessionellen Auseinandersetzungen nach Luthers Tod ein derart zentrales Anliegen gewesen, dass nicht nur der akademisch-theologische Streit, sondern auch die persönliche Frömmigkeit bis hin zur Auseinandersetzung mit dem eigenen Tod davon geprägt wurde. Am Beginn und am Schluss dieser Strophe zielt der Dichter auf die persönliche fromme Lebensführung: *Zucht, Ehr und Treu verleih mir, Herr / … wend ab all Ungerechtigkeit / in meinem ganzen Leben.* Mit dem Stichwort *Seligkeit* ist bereits die dritte Strophe vorbereitet. Es fällt auf, dass nicht erst in der letzten, sondern in jeder der drei Strophen der Horizont des Lebens zum Sterben bzw. zur Seligkeit hin geöffnet wird. Damit gewann das Lied neben der persönlichen Widmung eine besondere Bedeutung, denn zu den Aufgaben des Quedlinburger Stiftes gehörte die „Memoria", das Totengedenken. Seine Einordnung unter die Sterbelieder ist deshalb nicht zufällig.[2] Das Lied ist dementsprechend häufig in privaten Andachtsbüchern vertreten.[3]

Der Dichter Kaspar Bienemann (griech. Melissander) hat als orthodox-lutherischer Theologe um seines Glaubens willen mehrfach seine Stellung verloren und brauchte deshalb auch persönlich Trost und Stärkung. Das Lied ist ein Beispiel dafür, dass kompromisslose Rechtgläubigkeit[4] in der Generation nach Luther eine echte Frömmigkeit und warme, zu Herzen gehende Töne in den Liedern nicht ausschloss.

Die Liebe zu Gottes Wort (Str. 2) zeigt sich darin, dass der Dichter in vielfältiger Weise auf Bibelverse anspielt. *Gib mir Geduld,/ denn dein Will ist der beste* nimmt den Gedanken von Hebräer 10,36 auf, wo es heißt: *Geduld aber ist euch not, auf dass ihr den Willen Gottes tut.* Dass Gott von Ungerechtigkeit erlösen kann, ist ein Gedanke aus Titus 2,14, und das „Abscheiden mit Freuden" (Str. 3) kennen wir aus Philipper 1,23, wo Paulus bekennt, dass er Lust habe, *abzuscheiden und bei Christus zu sein.*

Für die Melodie werden in Bienemanns *Betbüchlein* vier verschiedene Alternativen angeboten: 1.) *O Herr, regier mich durch dein Wort.* Die Melodie entspricht nach Ludwig Helmbolds „Geistlichen Liedern" 1589 der Melodie *Kommt her zu mir, spricht Gottes Sohn* (EG 363). Es ist aber kein Zufall, dass Bienemann die Melodie nach dem Text *O Herr, regier mich durch dein Wort* benennt, denn so lautete der Wahlspruch von Herzogin Marias Vater Herzog Johann Wilhelm von Sachsen.[5] Dieser Spruch wird in

[2] Württembergisches GB 1779, Nr. 311.

[3] KLL 287.

[4] Bienemann war Schüler und Anhänger des Matthias Flacius (1520–1575), eines besonders rigorosen Verteidigers der Lehren Luthers.

[5] Ernst Koch, Herzogin Dorothea Susanna von Sachsen-Weimar (1544–1592) und die Pflege der Memoria ihres Gemahls in: Fürstinnen und Konfession. Beiträge hochadliger Frauen zur Religionspolitik und Bekenntnisbildung, hg. von Daniel Gehrt und Vera von der Osten-Sacken, Göttingen 2015, 277.

der Bemerkung im Anschluss an das Lied als „gedechtnis Reimgesang" bezeichnet, das heißt: Er ist ausdrücklich auf die Memoria für Herzog Johann Wilhelm bezogen, die vor allem Aufgabe seiner Tochter Maria in ihren täglichen Gebeten war. – 2.) *Nun freut euch, lieben Christen gmein* (EG 341), – 3.) *Ach Gott, vom Himmel sieh darein* (EG 273) – oder 4.) *Es spricht der Unweisen Mund wohl.* Diese vierte Melodie ist heute bekannt durch das Lied *Herr, für dein Wort sei hoch gepreist* (EG 196)[6]. Zu Beginn des 20. Jh.[7] findet sich immer häufiger die Melodie von Wolfgang Dachstein *Aus tiefer Not* (EG 299 II), die sich seit dem EKG (Nr. 285) überall durchgesetzt hat. Sie verbindet sich noch am ehesten mit dem Sprachrhythmus des Textes. Das Fehlen einer eigenen Melodie und die Vielfalt der Melodiezuweisungen spricht ansonsten für eine gewisse Unabhängigkeit des Textes von der Melodie. Sie ist zwar Trägerin des Textes, aber enthält sich weitgehend seiner Deutung oder Verstärkung.

Wolfgang Herbst

[6] In Crügers Praxis pietatis 1712 ist noch die Melodie *Wo Gott der Herr nicht bei uns hält* (EG 297) für unser Lied angegeben ebenso wie im Braunschweigischen GB 1776, Nr. 367.

[7] Brandenburg 1910; Bayern 1910; Baden 1915.

384 Lasset uns mit Jesus ziehen

EG 384 EM 322

Text

Verfasser Sigmund von Birken **Quelle** *Heilige Karwochen. das ist/ Sonderbare Gründonners= und Karfreytags=Predigten; und darauffgerichtete neue Lieder: Denen/ zur Gottseligen Vorbereitung/ beygefüget Eine Ascher=Mitwochs=Predigt […]*, (Johann Michael Dilherr), Nürnberg 1653 **Überschrift** *Vber die fünffte Predig. JESU Leidens=Mitgenoßschaft. Zusingen nach der Weise: JEsu, du mein liebstes Leben, cc.* **Ausgaben** FT V,67 * Sigmund von Birken, Psalterium Betulianum, hg. v. Alexander Bitzel, Berlin 2016 **Strophenbau** 8/4a- 7/4b, 8/4a- 7/4b, 8/4c- 7/4d 7/4d 8/4c- 7/4e 7/4e vgl. Frank 10.5 **Abweichungen** 3,5 töten, *weil wir leben;* 4,5 sind *deine Leibesglieder* * EM: 1,8 *Glauben durch die Lieb er*weisen; 1,10 *geh voran,* ich; 2,6 *tröstet mit* Geduld; 3,2 *wehrt dem andern* Tod; 3,3 *reißt die Seel aus dem Verderben;* 3,4 *und* der; 3,5 *Lasset uns, dieweil wir leben;* 3,6 *unserm Fleische* sterben; 4,8 *Freund und Bruder bist du, beides;* 4,9 *Dir, o Jesu, leb ich* hier; 4,10 *dort auch ewig einst* bei dir **Verbindung TM** in der Q ohne N; die in der Überschrift genannte Tonangabe bezieht sich vermutlich auf Z IV, 891(J. Schop in: J. Rist, Himmlische Lieder DKL 1542[06]), die später auch für *Sollt ich meinem Gott nicht singen* benutzt wurde * weitere: Z V,7916 (G. G. Boltze 1788, 1838 zum Text EG 384)

Melodie

s. *Sollt ich meinem Gott nicht singen* (EG 325)

Literatur

HEKG (Nr. 252) I/2, 394 f; III/2, 204–206; Sb 397; HEG II, 40 f ** ThustB, 340/Nf, 317; ThustL II, 236–238 ** KLL (1878–1886) II, 24 f ** Brodde, Otto/Müller, Christa: Das Graduallied, München **1954**, bes. 70–74 * Zippert, Christian: Liedpredigten, Kassel **1984**, 99–102 * Kemper, Hans-Georg: Deutsche Lyrik der frühen Neuzeit, Bd. 2: Konfessionalisierung, Tübingen, **1987**, 254 f * Zippert, Christian u. a.: Kirchenlieder. Kirchenbilder, Kassel 1995, bes. 46–54

Sigmund von Birkens (1626–1681) Gedicht erschien erstmals 1653 in einer Sammlung von Passionspredigten, die der seinerzeit hochberühmte Nürnberger Theologe Johann Michael Dilherr (1604–1669) angefertigt und unter dem Titel „Heilige Karwochen“ in den Druck gegeben hat.[1] Dilherr war Pfarrer an der Nürnberger Hauptkirche St. Sebald und hat zahlreiche Predigtsammlungen veröffentlicht, viele mit reichhaltiger Ausstat-

[1] Vgl. zum Folgenden: Sigmund von Birken, Psalterium Betulianum, hg. v. Alexander Bitzel, Teil II: Apparate und Kommentare (= Sigmund von Birken, Werke und Korrespondenz Bd. 6/II = Neudrucke Deutscher Literaturwerke 84), Berlin 2016, 718–721.

tung, fast alle mit kunstvollen Emblemen und aufwändigen Bucheinbänden veredelt. Dass Dilherr den erfolgreichen Nürnberger Schriftsteller und Literaturmanager Birken als Dichter bei der Drucklegung seiner Predigten heranzog, macht deutlich, wie hoch die Ambitionen waren, mit denen er seine Bücher auf den Markt zu bringen gewohnt war. Birkens Verse finden sich am Ende der „Heilige[n] Karwochen" und nehmen Bezug auf Dilherrs Gründonnerstagspredigt. Diese trägt den Titel „Reisgesellschaft des Herren Jesu/ zu seinem Leiden". Mit ihr ist Birkens Gedicht eng verzahnt. Das Gedicht dient dem Zweck, die Hauptinhalte der Dilherrschen Predigt zu rekapitulieren und mit Hilfe der gebundenen Form leichter memorierbar zu machen. Damit erfüllt das Gedicht eine wichtige Funktion, war doch das Memorieren von Predigten Jahrhunderte hindurch fester Bestandteil evangelischer Frömmigkeitspraxis.

Anhand einer Passage aus Dilherrs Gründonnerstagspredigt sei nachgezeichnet, wie Birken seine homiletische Vorlage lyrisch verarbeitet. So ist bei Dilherr zu lesen: „Lasst uns/ Andächtige Hertzen! mit Jhm ziehen: dz ist/ lasst uns auch bereit seyn/ wenn es Gott also haben wolte/ gar zu sterben/ nicht als die schuldige/ sondern als die unschuldige/ und als standhafftige bekenner der Lehre deß gestorbenen/ aber auch wider auferstandenen/ und zur rechten Gottes sitzenden Christi".[2] In seiner zweiten und dritten Liedstrophe spitzt Birken den Predigtausschnitt zu, indem er ihn aller theologischen Näherbestimmungen entkleidet und variantenreich auf seinen Kern zurückführt, welcher darin besteht, dass ein Mensch in der Nachfolge Jesu leiden und am Ende mit Jesus in die Herrlichkeit Gottes eingehen wird. Birken zufolge wird ein Mensch, der Jesus nachfolgt, seinem Herrn in Leid und Freud gleich – ein Gedanke, der das gesamte Lied EG 384 prägt. Biblisch fußt er auf 1. Petrus 2,21, ist seit jeher fester Bestandteil der theologischen Tradition und wird im barocken Luthertum in unzähligen Variationen zur Sprache gebracht. Für das Leben im Diesseits hat die Angleichung des Christenmenschen an Jesus zur Folge, dass er – wie in Hebräer 13,14 angezeigt – in eine spannungsvolle Situation gerät, weil er fortan eine Heimat im Himmel hat, sein Leben aber gleichwohl noch hier auf Erden mit allen Anfechtungen und Nöten führen muss.[3] Birken setzt diese spannungsreiche Situation sprachlich um, indem er sein Lied von den Gegensatzpaaren irdisch – himmlisch, arm – reich, Tränen – Lachen, Regen – Sonne, sterben – leben u. a. geprägt sein lässt.

Betrachten wir die Strophen der Reihe nach: Dass Birken die Nachfolge Jesu als ein „Ziehen mit Jesus" beschreibt, lässt an den Zug Jesu und seiner Jünger nach Jerusalem denken, der 1729 in Johann Sebastian Bachs Kantate auf den Sonntag Estomihi „Sehet! Wir gehn hinauf gen Jerusalem" (BWV 159) wirkmächtig entfaltet werden sollte. Für Birken geschieht die Nachfolge nicht in der physischen Pilgerfahrt nach Jerusalem, sondern dort, wo Menschen konkret leben. Im Hier und Jetzt folgen Menschen Jesus nach und werden auf diesem Weg ihm gleich. Birken folgt hier eng der Predigtvorlage. Auch Dilherr hebt in seiner Predigt hervor, dass es sich beim Zug der Gläubigen mit Jesus nicht um ein leibliches, sondern um ein geistliches Ziehen handelt: „Wie ziehen wir aber mit Christo? Mit Jhme nach Jerusalem zu reisen/ ist unmüglich: dieweil Er nit mehr

[2] Dilherr, s. o. Quelle, 189.

[3] Vgl. dazu auch Christian Zippert 1984, 100 f.

sichtbarlich auf Erden wandelt […] Andächtige Hertzen! Es bedarff solches äusserlichen leiblichen mitziehens gantz und gar nicht. Sondern solches mitziehen bestehet eigentlich darinn: daß wir Christi Fußstapfen nachfolgen".[4]

Die Rede von Jesus als Vorbild darf bei Birken nicht moralisch verengt verstanden werden, sondern im Sinne eines Hilfe, Trost und Stärkung umfassenden Vorangehens Jesu auf dem Lebensweg.[5] Gleichwohl steht für Birken fest, dass die Verbindung mit Jesus im Glauben Folgen für die Lebensführung hat. Birken bringt diesbezüglich in der ersten Liedstrophe eine Kernaussage der barocklutherischen Theologie zur Sprache, nämlich die auf Galater 5,6 und Jakobus 2,17 gründende Rede davon, dass der neue Gehorsam (nova oboedientia) den Glauben (fides) in Erscheinung treten lasse. In der lutherischen Standardschuldogmatik von Leonhard Hutter (1563–1616) liest sich dieser Zusammenhang wie folgt: „Vnnd so wenig ein guter Baum kan böse Früchte bringen/ Matth. 7/18. So wenig ists müglich/ daß der ohne gute Wercke sey/ welcher durch den Glauben ist gerechtfertiget."[6] Breit entfaltet wird das Verhältnis von Glauben und neuem Gehorsam bzw. guten Werken in der barocklutherischen Frömmigkeitsliteratur, etwa in der 1593 erstmals erschienenen „Sterbekunst" (Manuale De praeparatione ad mortem) des Görlitzer Pfarrers Martin Moller (1547–1606), wo es heißt: „Jst wahrer Glaube in deinem Hertzen/ und bist neu geboren durch den Heiligen Geist/ so wirst du viel anders gesinnet seyn. Denn neugeborne Menschen haben Lust zum neuen Leben."[7]

Dass Glaube und gute Werke untrennbar zusammengehören, steht in der lutherischen Erbauungsliteratur nicht zuletzt darum zentral, weil es sich um einen neuralgischen Punkt der lutherischen Rechtfertigungslehre handelt.

Die Hauptaussage des Liedes, dass ein Christenmensch in der Nachfolge seines Herrn durch Leiden in die Freuden des ewigen Lebens hindurchdringen wird, entfaltet Birken in den Strophen 2–4 dem Gang der Heilsgeschichte entsprechend im Blick auf Jesu Passion, auf sein Sterben am Kreuz und auf seine Auferstehung am Ostermorgen.

Str. 2 hebt hervor, dass zur Nachfolge Jesu die Bereitschaft gehört, Jesus auch im Leiden ähnlich zu werden. Die Leidensdimension der imitatio Christi trägt in sich freilich die Verheißung, wie Jesus selbst nach dem Leiden die Herrlichkeit der Auferstehung erleben zu können – ein aus Apostelgeschichte 14,22 und 1. Petrus 4,13 ersichtlicher Zusammenhang, den Birken sprichwörtlich verstärkt, wenn er in den Zeilen *es kann leichtlich Gottes Huld / aus dem Regen Sonne machen* das altrömische Trostwort „post

4 Dilherr (wie Anm. 2), 181 f.

5 Mit Zippert, Liedpredigten (wie Anm. 3), 99.

6 Leonhard Hutter, Compendium locorum theologicorum ex Scripturis Sacris et Libro Concordiae. Lateinisch – deutsch – englisch. Kritisch hg., kommentiert und mit einem Nachwort sowie einer Bibliographie sämtlicher Drucke des Compendium versehen von Johann Anselm Steiger, 2 Bde., Stuttgart-Bad Cannstatt 2006, 313.

7 Martin Moller, Christliche Lebens= und Selige Sterbe=Kunst/ Das ist: Heilsame/ und sehr nützliche Betrachtung/ wie ein Christ sein gantzes Leben führen/ in steter Busse zubringen/ und sich allezeit zu einem seligen SterbStündlein bereit und gefast halten/ auch dermahleins nach Gottes Willen in kräfftigem Glaubens=Trost wider allerley Anfechtung und Schrecken durch einen sanfften und seligen Tod von dieser Welt frölich und freudig abscheiden könne und solle […], Leipzig 1673, 44.

nubila phoebus"[8] aufnimmt, ohne darüber die christologische Zentrierung zu verlieren. Zum Beschluss der Strophe nämlich hält er fest: *Jesu, hier leid ich mit dir,/ dort teil deine Freud mit mir!* Auch dieses Motiv findet man in der barocklutherischen Erbauungsliteratur vielfach, etwa bei Heinrich Müller (1631–1675), der in seinem „Hertzens-Spiegel" ([1]1679) schreibt: „Wende deine Augen auf die Herrlichkeit, die auf das Creutz folget. Du must leiden, und durch das Leiden in die Herrlichkeit eingehen. Creutz ist der Weg zur Herrlichkeit."[9] Müller und Birken bringen hier den eminent tröstlichen Kern der lutherischen Passionstheologie zur Sprache.

In der dritten Strophe verbindet Birken die Verheißung Gottes, Nachfolger Jesu in die Auferstehung hineinzunehmen, mit der auf Römer 8,13 zurückgehenden Rede davon, dass im Glauben die Abtötung des Fleisches schon jetzt im irdischen Leben geschehe. Birken befindet sich auch hier im breiten Strom der lutherischen Frömmigkeitsliteratur. Als ein Beispiel sei eine Passage aus Johann Arndts weit verbreiteten „Vier Büchern von wahrem Christentum" (1610) angeführt, in der beide Motive miteinander verbunden werden – in diesem Fall unter Bezugnahme auf Philipper 1,21: „Darumb habe wol achtung/ wer in dir lebet/ selig ist der Mensch/ der da von Hertzen sagen kan/ Christus ist mein Leben/ nicht allein nach diesem Leben/ sondern auch jetzo. Weil du noch allhie lebest/ mus Christus dein Leben seyn/ das ist/ in dir leben/ vnd also mus Sterben dein Gewinn seyn/ das ist/ wenn in dir stirbet die Hoffart/ Geitz/ Wollust/ Zorn vnd Feindschafft/ wenn du dir selbest vnd der Welt abstirbest. O ein grosser Gewinn/ denn so lebet Christus in dir. Denn je mehr du der Welt abstirbest/ je mehr Christus in dir lebet. Solte das nicht ein grosser Gewinn sein? Lebe nun also/ das Christus in dir lebe in der Zeit/ auff daß du mit jhme lebest nach der Zeit."[10]

Die vierte Strophe nimmt Ostern in den Blick – nach dem Vorbild Dilherrs, der in seiner Gründonnerstagspredigt ausführt: „Lasst uns/ Andächtige Hertzen! mit Jhm ziehen: das ist/ lasst uns auch Ostern halten".[11] Den Ostertrost bringt Birken mit 2. Korinther 4,14 zur Sprache. Der österliche Horizont befähigt Menschen dazu, mit Jesus zu leiden und sich in Anfechtungssituationen nicht vom Leib Jesu, d. h. von seiner Gemeinde, zu lösen. Die Verbindung mit Jesus in der Gliedschaft an seinem Leib wird von Birken als eine solche beschrieben, die über das irdische Leben hinaus besteht und in die geschwisterliche Gemeinschaft mit Jesus – mit Hebräer 2,11 nennt Birken diejenigen, die das Lied singen, *Brüder* Jesu (Schwestern sind mit gemeint) – in Gottes Herrlichkeit einmündet. Das Lied endet mit der auf Epheser 4,15 f anspielenden Aufforderung, hier im Leben in der Nachfolge Jesu zu bleiben (*dir ich lebe hier*), um dereinst mit Jesus in der

[8] Für Belege und Hinweise auf Belege aus der antiken Literatur vgl. Hubertus Kudla, Lexikon der lateinischen Zitate, München 1999, 344 (Nr. 2263).

[9] Heinrich Müller, Evangelischer Hertzens=Spiegel, Das ist: Erklärung aller Sonn= und Fest=Tags=Evangelien, Nebst beygefügten Paßions=Predigten Ueber das Gantze Leyden CHristi, Jn öffentlicher Kirchen=Versammlung der Gemeine GOttes zu St. Marien vorgestellet; jetzo aber auf das neue wegen der schönen Lehr=Art auf vieler Ersuchen zum Druck überlassen, und mit dreyfachen Registern versehen, Nebst einer Vorrede S. T. Herrn Friederich Caspar Hagens […], Hof 1738 ([1]1679) 870 f.

[10] Johann Arndt, Vier Bücher Von wahrem Christenthumb. Die erste Gesamtausgabe (1610), Reprint Hildesheim u. a. 2007, Buch 1, cap. 12, 107 f.

[11] Dilherr (wie Anm. 2), 186.

Herrlichkeit Gottes sein zu können. Es liegt auf der Hand, dass Birken die Singenden zu einem Gott gefälligen Leben motivieren möchte. Er befindet sich an dieser Stelle in guter Gesellschaft. Auch Johann Arndt verwendet den Horizont des Todes, um Menschen zu einem Leben nach Gottes Geboten zu bewegen, wenn er schreibt: „Wie ein Mensch zu sterben begeret/ so soll er auch leben. Du woltest ja nit gern sterben als ein Gottloser/ Ey so soltu auch nicht leben als ein Gottloser/ Wiltu sterben als ein Christ/ So mustu leben als ein Christ."[12]

Nicht nur der Umstand, dass Birkens Gedicht eine Predigt von Dilherr verarbeitet, ist für die in diesem Kommentar angedeutete Übereinstimmung Birkens mit der barocklutherischen Erbauungsliteratur und mit dem Hauptstrom der lutherischen Theologie seiner Zeit verantwortlich. Vielmehr gab es im frühneuzeitlichen Luthertum ganz allgemein eine intakte, heute zum allseitigen Nachteil meist verloren gegangene Verzahnung von fachtheologischer Debatte, religiösem Gebrauchsschrifttum und geistlicher Lyrik. Gemeinsamer Nenner dieser drei literarischen Gattungen war die biblische Überlieferung, von der auch Birkens Text ganz und gar durchdrungen ist.

Birken schwebte für sein Lied die ariose Melodie vor, die Johann Schop 1641 dem Vertrauenslied *Jesu, du mein liebstes Leben* von Johann Rist gegeben hatte; diese heute nicht mehr vertraute Melodie (Zahn IV,7891) bleibt, leicht variiert, in dem gleichnamigen Bachchoral BWV 356 zugänglich. Birkens *Lasset uns mit Jesus ziehen* verband sich aber bald mit einer anderen Weise, die derselbe Melodist Schop 1642 für das Osterlied desselben Autors Rist *Lasset uns den Herren preisen* geschaffen hatte (Z IV,7886a). Dafür mag vor allem der identische adhortative Textanfang *Lasset uns* bestimmend gewesen sein, dem die Melodie mit ihrem entschlossenen Aufstieg vom Grundton über die Quint zur Oktave und Dezime einen starken Ausdruck verleiht. Diese österliche Melodie Schops, die übrigens auch Johann Crügers Originalmelodie zu Paul Gerhardts *Sollt ich meinem Gott nicht singen* (Z IV,7887) verdrängt hat (Näheres s. Melodiekommentar zu EG 325, HEG 3, H. 24), passt zu Birkens Lied vor allem deshalb besonders gut, weil sie in ihrer vorletzten Zeile zu einer Schluss-Klimax neu ansetzt und so die Quintessenz der barocklutherischen Passionstheologie, die Birken jeweils im abschließenden Zeilenpaar jeder Strophe mit den Wortpaaren *dir – mir* (o. ä.) pointiert zur Sprache bringt, musikalisch verstärkt.

Das Lied bietet heutigen Sängerinnen und Sängern ein theologisches Panorama, das zur Meditation einlädt und Not und Anfechtungssituationen in die trostreiche Perspektive der österlichen Auferstehungshoffnung stellt. Durchaus bemerkenswert ist, dass die Fassung des Liedes im EG der ersten Druckversion des Textes nahezu vollständig entspricht.[13] Das mag dazu führen, dass EG 384 nicht nur in seinen passionstheologischen Spitzenaussagen heutigen Christenmenschen ein wenig fremd vorkommt[14] und nach

[12] Arndt, Vier Bücher Von wahrem Christenthumb (wie Anm. 10), Buch 1, cap. 22, 232. Gegen Hans-Georg Kemper, Deutsche Lyrik der frühen Neuzeit. Band 2: Konfessionalismus, Tübingen 1987, 254, ist zu sagen, dass Arndts Konzept der imitatio Christi durch den Gläubigen nicht synergistisch zu verstehen ist.

[13] Vgl. Sigmund von Birken, Psalterium Betulianum (wie Anm. 1), 718.

[14] Vgl. diesbezüglich Otto Brodde und Christa Müller, Das Graduallied. Theologische und kirchenmusikalische Handreichung zum Gemeindesingen, München 1954, 70.

Erläuterungen verlangt. Das Lied ruft das Thema des Martyriums auf. Dieses Thema ist in unserer Zeit aktueller denn je. Kaum jemand kann ermessen, wie viele Christinnen und Christen weltweit bedrückt und verfolgt werden. Ihr treues Festhalten an Jesus Christus in der Hoffnung, dass er ihnen am Ende aller Tage die Krone des Lebens geben wird (Offb 2,10b), gibt uns ein Zeugnis davon, wie Glaube Halt, Zuversicht und Hoffnung geben kann in Zeiten von Not und Leid.

ALEXANDER BITZEL

386 Eins ist Not! Ach Herr, dies eine

Text

Verfasser Johann Heinrich Schröder **Vorlagen** Lk 10,38–42; 1. Kor 1,30 **Quelle** *Geistliche Lieder und Lobgesänge*, o. O. [Halle oder Frankfurt/M] 1695 **Überschrift** *Um die Vereinigung mit Gott. Eins ist noth. Luc.X.42. JEsus/welcher uns gemacht ist von GOtt zur Weißheit / und zur Gerechtigkeit / und zur Heiligung / und zur Erlösung. I. Cor I.30* **Strophenbau** 8/4a- 7/4b, 8/4a- 7/4b, A12/4c- A12/4c- A12/4d A12/4d **Abweichungen** 3,1 Wie *Maria war beflissen;* 3,2 *auf des Einigen Genieß*; 4,8 *geneust*; 6,3 es muß *mir* gelingen 6,4 *rosinfarbes* Blut; 8,2 Mich *beschwemt der*; 10,7 Gib, daß ich *nur alles hier achte für Koth* **Verbindung TM** in der Q ohne M * eigene Melodien: Z IV,7126 (Darmstadt 1698), 7128–7135 (1723–1850; Z IV,7129: Bach/Schemelli 1736) * weitere Text-Melodie-Verbindung: Z IV,6795 (Basel 1854)

Melodie

Incipit 55 6788 77 **Verfasser** Adam Krieger **Vorlagen** (a) *Arien von einer, zwey und drey Vocal-Stimmen* (Adam Krieger), Leipzig 1657 * (b) *A & Ω. Joachimi Neandri Glaub- und Liebesübung: Auffgemuntert durch Einfältige Bundes-Lieder und Danck-Psalmen* (Joachim Neander), Bremen 1680 (DKL 1680[09]) **Quelle** *Geist-reiches Gesang-Buch* (Johann Anastasius Freylinghausen), Halle 1704 (DKL 1704[04]) **Ausgaben** Vorlagen: (a) Adam Krieger, Arien, hrsg. von Alfred Heuss, in Neuauflage herausgegeben und kritisch revidiert von Hans Joachim Moser, Wiesbaden/Graz 1968 (Denkmäler Deutscher Tonkunst I, 19), Anhang Nr. 4; (b) Z II,3947 * Q: Z IV,7127; FreylEd 1/1, Nr. 325 **Ambitus** G: 8; Z: 46(46)4646 **Abweichungen** kleine Terz höher (F-Dur); Taktvorschrift ¢; keine Taktstriche; Zeilentrennstriche außer zwischen Z. 5/6; v. 1: zwei Viertelpausen; Z. 2/4, N. 3 und 5: je zwei Achtel *a'g'* / *g'fis'*, N. 6: punktierte Achtel mit Sechzehntel *e'd'*; Wiederholung ausgeschrieben (ohne Pausen v. 1); vor der Schlussnote von Z. 4: Taktwechsel 3/2; Z. 6, N. 9 und 10: je zwei Achtel *a'g'* / *fis'g'*, 11: punktierte Halbe *e'*, 12: Halbe *d'*; Z. 8, N. 9: zwei Achtel *fis'g'*; N. 11: punktierte Halbe **Verbindung MT** Vorlagen: (a) *O Rosidore, edele Flore, zeige bei Mitternacht Augen und Sternen*; (b) *Großer Prophete, mein Herze begehret* * Q: wie EG

Literatur

HEKG (Nr. 259) I/2, 402 f; III/2,215–217; Sb 407 f; HEG II,186 f.223–225.282 mit Ergänzungen von Wolfgang Herbst in JLH 45 (2006) 217 ** ThustB 341 f/Nf, 318; ThustL II, 241–243 ** Koch (^{3}1866–1877) VIII, 426–429; Nelle (^{3}1924/1962) 187 f; MöllerQ (2000), 165; RößlerL (^{2}2001) 158.580.645 ** Dorsch, Paul: Das deutsche evangelische Kirchenlied in Geschichtsbildern, Stuttgart **1928**, 227–230 * NelleG **1928**, 195 f * Gojowy, Detlef: Kirchenlieder im Umkreis von J. S. Bach, JLH 22 (**1978**) 79–123.92 * Sauer-Geppert **1984**, 38 * Koski, Suvi-Päivi: Der Buchhändler Andreas Luppius und die von ihm verlegten Gesangbücher, JLH 35 (**1994/95**) 216–232.228 * Krieg, Gustav Adolf (Hg.): Deutscher Kirchengesang in der Neuzeit. Eine Anthologie, Berlin **2013**, 735

Johann Heinrich Schröder, von 1696 bis zu seinem frühen Tod 1699 Pfarrer im Bauerndorf Meseberg,[1] 20 km nördlich von Magdeburg, einer der Dichter des hallischen Pietismus, und seine Ehefrau Tranquilla Sophia geb. Wolf, die nach nur neunmonatiger Ehe 1697 im Kindsbett starb, waren ein Dichterpaar. Beide haben Lieder geschrieben, in einigen singen sie in hohem, chiliastischem Ton vom „Sieg Zions" und vom „Untergang Babels".[2] Das ruhigere *Eins ist Not! Ach Herr, dies eine* erschien erstmals 1695 ohne Noten, nur mit einer Melodiezuweisung im Hasselschen Gesangbuch, herausgegeben von dem pietistischen Buchhändler Andreas Luppius.[3] Schröder hat es demnach noch als Student geschrieben. Es wanderte früh in weitere Gesangbücher (Halle 1697, Darmstadt 1698, Freylinghausen 1704) und hat dann, anders als im Erstdruck, die Überschrift „von der Verleugnung sein selbst und der Welt. Luc 10,42". In vielen pietistisch geprägten Lieder- und Gesangbüchern[4] gehört es zum Kernbestand. Nelle hat es 1924 „vielleicht das gesegnetste Lied des gesamten Hallischen Pietismus"[5] genannt. Nach einem weiteren Jahrhundert spielt es allerdings im Singen der Gemeinden keine große Rolle mehr.

Das Lied Schröders beginnt mit dem Wort Jesu *Eins ist not* (Lk 10,42)[6] und ruft in den ersten vier Strophen die biblische Szene Jesu mit Maria und Marta (Lk 10,38–42) auf. Wer das Lied singt, schlüpft in einer Rollenidentifikation in diese Szene. Die einzige Notwendigkeit, in der Rolle Marias Jesus zu hören, wirkt in der pietistisch-mystischen Paraphrase Schröders wie eine narrative Auslegung des 1. Gebots. Wer sich anderswo orientiert, hat schwer zu tragen, das Joch Jesu (Mt 11,30) erleichtert hingegen jede Last. Wer sich ohne Gott abmüht, krankt an einem sehnsuchtsvollen Herzen, das nie genug hat, nicht „vergnügt" ist. Bereits der Titel der Erstveröffentlichung verrät die mystische Vereinigungssehnsucht des Liedes. Der mystische Grundton spitzt die biblische Grundlage zu auf das All-Eine: Wenn *dies eine*, nämlich Jesus zu hören, für alles andere stehen kann, findet das sehnsuchtsvolle Herz von da aus in allem anderen genug. Schröder nimmt eine vorsokratische philosophische Denkfigur auf,[7] hier aber nicht pantheistisch gedacht, sondern: Wer Jesus hört und an ihn glaubt, hat alles. Auch Paulus klingt an: *Wie sollte er uns mit ihm nicht alles schenken?* (Röm 8,32).

Allerdings – Strophe zwei – ist *dies eine* nicht im Vorfindlichen greifbar, sondern wird in der bei Schröder dualistisch (vgl. Kol 3,2) und nicht dialektisch (vgl. Mt 13,33) for-

[1] Heute Ortsteil der Kommune Niedere Börde in Sachsen-Anhalt.

[2] Vgl. z. B. die im EG entfallenen Schlussstrophen des ursprünglich 14strophigen Liedes Schröders *Jesus, hilf siegen, du Fürste des Lebens* (EG 373, vgl. HEG III, 27) bei Christian Bunners (Hg.), Lieder des Pietismus aus dem 17. und 18. Jahrhundert, Leipzig 2003, 36. Tranquilla Schröder ist im Freylinghausenschen Gesangbuch (1704) mit zwei Liedern vertreten, z. B. mit dem auf die Melodie von EG 386 singbaren *Trautster Jesu, Ehrenkönig, Du mein Schatz und Bräutigam.*

[3] Geistliche Lieder und Lobgesänge, Halle (?) 1695; vgl. Fr. Jehle, Nachträge zu der Abhandlung „Hymnologisches", MGKK 14, 1909, Göttingen 1910, 64 f.

[4] Württ. 1791, Nr. 412; Württ. 1841 Nr. 385; Württ. 1912 Nr. 430; DEG 171; EKG 259; Herrnhuter GB 2007 (Nr. 708) bringt nur 7 Strophen.

[5] Nelle, 187.

[6] Diesen Spruch ließ auch Ludwig Graf Zinzendorf in seinem Berthelsdorfer Schloss auf eine Zimmertür schreiben.

[7] Nach Theophrasts Fragment 44 geht die Figur Εν καὶ Πᾶν – „eins und alles" – auf Parmenides zurück.

mulierten Aufforderung zur Weltflucht erfahren, Impulse Johann Schefflers schwingen mit.[8] Die Selbstanrede an die Seele ist eine seit den Psalmen geläufige Figur. Die Seele findet, was Maria wählte, *über der Natur* in der himmlischen *Fülle* Christi nach Kolosser 2,9 (vgl. 1,19), wo Gott und Mensch vereint sind. Der Abkehr von der *Kreatur* entspricht bei Schröder die Umkehr zum himmlischen, will sagen: inneren Blick. Dieses *beste … Teil* schließt an das *gute Teil*, das Maria erwählt hat (Lk 10,42), an. Schröder akzentuiert biblisch begründet die weltflüchtigen Kräfte des Neuen Testaments, vgl. Philipper 3,13; allerdings so, dass die wiederum biblische Dialektik des *in der Welt, nicht von der Welt* (vgl. Joh 15,19; 17,16 und 17,18) aus der Balance gerät. Die Inkarnation enthält ja ein Bekenntnis Gottes zu seiner Schöpfung, in Christus ist sie bejaht.

Die 3. Strophe zeichnet, wohl in Fortsetzung der Selbstanrede, noch einmal ausdrücklich das biblische Bild der Jesus zuhörenden Maria (Lk 10,39; vgl. EG 376,2,5) und baut es emotional weiter aus: *ihr Herze entbrannte* ist ein Motiv aus der Emmaus-Geschichte (Lk 24,32), Maria *gänzlich in Jesus versenkt* mutet gar erotisch an. Erneut und emphatisch wird das All-Eine in Jesus betont.

In der 4. Strophe, die wieder ins Gebet zurückkehrt, anverwandeln sich die Singenden die biblische Szene direkt, … *mein Verlangen nur nach dir* (vgl. Ps 73,25). An Jesus *hangen* gemahnt an Paul Gerhardts Osterlied (EG 112,6), auch das Bild vom Weinstock und den Reben kann sich einstellen (Joh 15,5). Jesus-Nachfolge bedeutet Widerstand gegen den mainstream der äußeren *Umkehr zum größesten Haufen* (vgl. Joh 6,66), dafür inneren Genuss[9] des Wortes Jesu als *Leben und Geist* (vgl. Joh 6,63; Röm 8,9).

Mit der 5. Strophe beginnt der zweite, vier Strophen umfassende Teil des umfangreichen Liedes. Die Paraphrase von 1. Korinther 1,30 im Gebetsmodus präzisiert den Blick auf die in den ersten Strophen explizierte, alles in sich aufnehmende Exklusivität Jesu weiter. Den vier Schlüsselbegriffen *Weisheit, Gerechtigkeit, Heiligung, Erlösung* widmet Schröder je eine Strophe: zunächst Christus als *Weisheit.* Fast wörtlich nimmt Schröder Kolosser 2,3 auf. Paulus bezeichnet in seiner Auseinandersetzung mit der griechischen Philosophie seiner Zeit den Glauben an Jesus in weltlicher Perspektive als Unsinn (*Torheit* – 1. Kor 1,18.23; vgl. 2,6–7). Auf diese paradoxe Spitze verzichtet Schröder, reduziert sie aufs Ethische und nennt mit *Demut und Einfalt* die der *himmlischen Weisheit* adäquaten menschlichen Haltungen. *Einfalt* meint hier Eindeutigkeit (vgl. EG 165,7; 252,6; auch 482,5).

Christus als *Gerechtigkeit.* In der 6. Strophe geht Schröder in 1. Korinther 1,30 weiter und führt den Zentralbegriff der paulinischen Rechtfertigungslehre in kultischer Terminologie (vgl. Röm 3,21–25) – *vor Gott bringen* – ein. Im *höchsten Gut* (vgl. EG 9,5; 42,6; 219,1; 326,1) taucht das bis in die antike griechische Philosophie zurückreichende und seit Augustinus auf Christus gedeutete „summum bonum" auf. Etwas missverständlich fährt Schröder ursprünglich und in der Nähe zu Johann Scheffler fort: *es muss mir ge-*

[8] Vgl. Johann Scheffler, „Heilige Seelenlust …" 1657, Nr. 12, Strophe 6: *Ach Gott, wo soll ich weiter fragen;/ er ist bei keiner Kreatur./ Wer führt mich über die Natur?/ Wer schafft ein Ende meinen Klagen?/ Ich muss mich über alles schwingen,/ muss mich erheben über mich,/ dann, hoff ich, wird mir's wohl gelingen,/ dass ich, o Jesu, finde dich* (zit. n. HEKG I/2, 402). Scheffler wiederum nimmt Bezug auf Hld 3,1; 5,6.

[9] Im Original reimen sich *Geist* und *geneußt*.

lingen[10], gerecht zu werden *durch dein rosinfarbes Blut*, als sei die Rechtfertigung nicht verlässlich geschehen. Der weitere Strophenverlauf zeigt, dass Schröder gleichwohl in biblischen Spuren bleibt: Meine Gerechtigkeit ist in Christi Tod am Kreuz begründet (vgl. 1. Petr 2,24), die *Kleider des Heils* in Jesaja 61,10 sind eine Gottesgabe.

Der dritte, in Strophe 7 ausgeführte Begriff *Heiligung* aus 1. Korinther 1,30 umreißt in einem Wort pietistische Ethik. Aus Psalm 17,15 nimmt Schröder, wenn auch nicht vollständig, das Bild vom Erwachenden, der am Bild Gottes satt wird. *Du bist ja, den ich erwähle* schließt an Lukas 10,42b an, entspricht auch modernem pietistischen Bewusstsein, widerspricht aber dem Wort Jesu *Nicht ihr habt mich erwählt, sondern ich habe euch erwählt* (Joh 15,16).[11] Als Kraftquelle für ein Leben in der Heiligung gilt wiederum einzig und allein das Vorbild des Lebens Jesu (vgl. 2. Petr 1,16–18). In die Gefahren der *vergänglichen Lust* bleibt der Fromme gleichwohl verstrickt.

Mit der *Erlösung* hat Schröder in der 8. Strophe die Kernbegriffe aus 1. Korinther 1,30 abgeschritten. Mehr kann der Fromme nicht wollen, als in der Gnade förmlich zu baden (*mich umströmt ...*; vgl. nüchterner 2. Kor 12,9). Dann nimmt Schröder Hebräer 9,12 auf, wonach Jesus durch seinen blutigen Tod am Kreuz in das neue Heiligtum im Himmel eingetreten ist, damit den irdischem Opferkult beendet und den Glaubenden *Erlösung* von *der höllischen Herrschaft* erwirkt hat (vgl. Röm 8,1). In dieser neuen Freiheit wird Gott familiär *Abba* – „Papa" (Röm 8,15) genannt.

Strophe 9 eröffnet den Schlussteil des Liedes. Schröder nimmt Vokabeln weltlicher Genüsse – *G'nügen, Friede, Freude, Ergötzen* – für das Leben im Glauben in Anspruch, denn mit der exklusiven Beziehung zu Jesus ist eingetreten, wovon Psalm 23,1–2 spricht: Ich bin auf *frischer Weide* und Jesus ist mein *Hirte* (vgl. Joh 10,11). In Psalm 73,25 lässt der Beter für Gott nicht nur die Erde, sondern auch den Himmel beiseite, Schröder akzentuiert noch einmal die Gefahren der weltlichen Genüsse: *Süßes* ist hier die irdische Kraft, die den Glaubensblick von Jesus ablenkt.[12] Sie nährt nicht, umso mehr wird *erquickt*, d. h. erfrischt und gestärkt, wer auf Jesus orientiert bleibt.

In der 10. Strophe knüpft Schröder schlussendlich wieder an seiner 1. Strophe an mit der erneuten Liebeserklärung: Jesus, *mein Ein und Alles*. Die Bitte um göttliche Prüfung in einem längeren Psalmzitat (Ps 139,23–24) ist ursprünglich verbunden mit einer Anspielung auf Paulus (Phil 3,8) *Gib, dass ich hier alles nur achte für Kot*. Das DEG (171,10) ersetzt *Koth* durch *Spott*. Die ganz umgearbeitete Zeile der EG-Fassung findet sich bereits im 19. Jh.[13] Schluss und Anfang des Liedes sind mit dem Wort Jesu an Marta identisch.

[10] So im Original bis EKG 259,6. Vgl. Anm. 8. Woher die Fassung *Jesu, es muss dir gelingen ...* kommt, mit der die bayrische und württembergische EG-Ausgabe von der Textgestalt aller anderen EG-Ausgaben *Jesu, lass es mir gelingen ...* abweicht, lässt sich nicht aufklären. Um einen bloßen Druckfehler scheint es sich nicht zu handeln.

[11] Vgl. auch Luthers Erklärung zum 3. Glaubensartikel im Kleinen Katechismus, den er den „Artikel von der Heiligung" nennt: „Ich gläube, daß ich nicht aus eigener Vernunft noch Kraft an Jesum Christ, meinen Herrn, gläuben oder zu ihm kommen kann ...", BSLK 511,539.46–512,1.

[12] Vgl. Sauer-Geppert, 38.

[13] Z. B. Gesangbuch für die evangelische Kirche in Württemberg 1841, Nr. 385.

Die emphatische Sprache ist geprägt von Exklusiv-, Maximal- und Superlativformulierungen. Exklusiv: *dies eine* (1,1.7), in einem alles (1,8; 2,8; 3,8; 10,2), *einzig zu hören* (3,5), *nichts … als nur dich* (6,1), *mir einzig bewusst* (7,8), *nur, Jesu, dich* (9,6), *Jesu, du alleine* (10,1). Maximal: *alle* oder *alles* kommen zwölfmal vor, *vollkommene Fülle* (2,6), *ihr Alles war gänzlich in Jesus versenkt* (3,7), *der Weisheit vollkommenen Preis* (5,8), *Glaube in Ewigkeit* (6,8), *alle*(r) *vergängliche*(n) *Lust* (7,7), *ewge Erlösung* (8,5), *völlige Freiheit* (8,7), *volles G'nügen* (9,1). Superlativ: *das beste … Teil* (2,7), *seligstes Heil* (2,8), *liebster Jesu* (4,2), *der größeste Haufen* (4,5), *mein höchstes Gut* (6,2), *die höchste Gerechtigkeit* (6,5), *höchste Fülle* (5,1).

Gelegentliche Wiederholungen *nichts, nichts* (9,7), *da, da* (2,7) würzen die Emphase ebenso wie die zweimal auftauchende emotionale Partikel *ach* (1,1; 5,7). Vokalassonanzen, vor allen Dingen helle i-Laute, befördern die Eindringlichkeit des Textes: … *irdisch ist, dahinten* (2,3), *schwing dich* (2,4), … *Teil, mein Ein* … (2,7–8), *nichts, nichts ist* (9,7), *mich innig erquickt* (9,7), *ich dich … im Glauben erblickt* (9,8), desgleichen auch Alliterationen: *alles andre* (1,3), *keiner Kreatur* (2,2), *vollkommene Fülle* (2,6), *ewge Erlösung erfunden* (8,5), *höllische Herrschaft* (8,6), *völlige Freiheit* (8,7), *Fried und Freude* (9,1; vgl. EG 11,3,6), auch der Binnenreim *naget – plaget* (1,5).

Mit der achtzeiligen, erst kreuz-, dann paargereimten Strophe und dem Wechsel von Trochäen zu Amphybrachen[14] in der Strophenmitte[15] greift Schröder auf eine reizvolle, von August Buchner erstmals verwendete Strophenform zurück. Sie erhält nach gravitätischem, geradtaktigem Beginn durch das vielkritisierte „hüpfende Versmaß", in dem sich enthusiastische Impulse des Pietismus niederschlagen, einen deutlichen Drive.

Die rhythmische Gestalt des Textes hat entsprechende Musik an sich gezogen. Schröders Dichtung ist mit unterschiedlichen Melodien gesungen worden. Die Melodie des Scheidt-Schülers Adam Krieger, die sich schließlich durchgesetzt hat, gehört ursprünglich zum Lied *O Rosidore, edele Flore, zeige bei Mitternacht Auge und Sternen*, enthalten in den 1657 in Leipzig erschienenen „Arien von einer, zwey oder drey Vocal-Stimmen …". Sie steht dort aber durchweg im ungeraden Sechs-Viertel-Takt. Joachim Neander übernimmt sie 1680 unverändert für sein Lied *Großer Prophete, mein Herze begehret.*[16] Der Abgesang der Melodie taucht ebenfalls auf in dem Lied *Selig, ja selig, wer willig erträget.*[17] Ob Neander ihn im Sinne einer Vorlage verwendet hat, wie Zahn notiert, muss offen bleiben. 1698 wird im Darmstädter Gesangbuch Schröders Lied eine emphatische Melodie mit großen Intervallsprüngen zugewiesen,[18] die nun jenen Taktwechsel enthält, dem dann auch im Freylinghausenschen Gesangbuch von 1704 die Melodie Kriegers unterzogen und so mit Schröders Text zusammengebracht wurde. Das Stollenpaar

[14] Dreigliedriges Versmaß, bei dem die betonte Silbe in der Mitte von zwei unbetonten Silben umschlossen wird. Man könnte das Versmaß aber auch als Daktylus mit Auftakt deuten.

[15] Vgl. Johann Wolfgang von Goethes „Der Gott der Bajadere" oder Friedrich Schillers Gedicht „Das Eleusische Fest".

[16] Z II,3947; vgl. Joachim Neander, Bundeslieder und Dankpsalmen von 1680. Historisch-praktische Ausgabe mit ausgesetztem Generalbaß von Oskar Gottlieb Blarr, Köln 1984, 116f.

[17] Z II,3931a.

[18] Z IV,7126.

läuft nun neu in geraden vier Vierteln, der Abgesang bleibt daktylisch. Dabei heben die jeweils drei Tonwiederholungen die Silbenstruktur des Textes so deutlich heraus, dass auf die Dauer der zehn Strophen und bei doch eher geringer melodischer Substanz Ermüdung eintritt. Ein frischer Taktwechsel im Sinne der ursprünglichen proportio tripla (vgl. EG 8) mag das jedoch auffangen.[19] In dieser Klanggestalt jedenfalls wandert das Lied durch die Gesangbuchgeschichte bis ins EG.

Das berühmte Gutachten der Wittenberger theologischen Fakultät von 1716 gegen das Freylinghausensche Gesangbuch reagiert denn auch mit seiner Kritik an „denen neuen Fanatischen Liedern" bzw. an „hüpffende[n] / springenden[n] dactylische[n] Lieder[n]"[20] nicht zuletzt auf Lieder wie dieses. Die Melodie wird in der Melodiengeschichte als Beispiel für eine Entwicklung angeführt, in der mit den daktylischen Dreitaktweisen „sich der persönliche Enthusiasmus neben dem gesungenen Wort eine so eigene Ausdrucksform gewählt und geschaffen [hat], daß Wort und Weise auseinanderklaffen. Es ist die Musik als solche, die hier in ihrer Ausdruckshaftigkeit etwas bedeuten will."[21] Wirkung und Resonanz dieses Liedes sind heute gegenüber seiner Entstehungszeit deutlich zurückgegangen. Die Beobachtung aber, dass zuweilen die Musik mehr will als der Text, kann man bei zeitgenössischen geistlichen Liedern nach wie vor machen.

BERNHARD LEUBE

[19] Es wäre sinnvoll, im EG beim Taktwechsel wie bei EG 8 den Hinweis Halbe = punktierte Halbe über dem Ende der 2. Melodiezeile anzubringen.

[20] Zit. n. Möller, Kirchenlied und Gesangbuch, Tübingen 2000, 179 und 180.

[21] HEKG II/2, 108.

389 Ein reines Herz, Herr, schaff in mir

EG 389 EM 320

Text

Verfasser Heinrich Georg Neuss **Vorlagen** Ps 51; Str. 1: 1. Mose 4,7; Str. 3: Pfingst-Hymnus *Veni creator spiritus*; Jes 11,2 f (Vulgata) **Quelle** *Heb=Opffer Zum Bau Der Hütten GOttes* (Georg Neuß), Wernigerode 1703 (DKL 1703^{06})[1] **Überschrift** Überschrift vor dem Text aus Platzgründen ausgefallen, kann aber aus dem Kolumnentitel erschlossen werden: *Um Reenigkeit des Hertzens*; vor dem Text: *Mel HErr Jesu Christ dich zu uns wend.* **Strophenbau** A8/4a A8/4a A8/4b A8/4b vgl. Frank 4.58 **Abweichungen** 1,2 *Schleuß zu den Sünden ihre* Tür; 1,3 und *schaffe du*, 1,4 daß sie *vor meiner Thür nicht* ruh; 2,4 Tempel, *und Wohn=Hauß*; 5,3 und *nur dis* achten; 5,4 ich *dich nur* **Verbindung TM** in der Q ohne N, zur in der Überschrift genannten M s. EG 155; weitere: *O Jesu Christ, meins Lebens Licht* (EKG 317/EG 203; in: Schlesisches Provinzial-Gesangbuch, Breslau 1910); *Wenn wir in höchsten Nöten sein* (EG 366; in: Evangelisches Gesangbuch […] Provinz Brandenburg, Berlin 1905)

Melodie

s. *O Jesu Christe wahres Licht* (EG 72)

Literatur

HEKG (Nr.263) I/2, 407 f; III/2, 223–225; Sb 414 f; HEG II, 228** ThustB, 343/Nf, 320; ThustL II, 247 f ** KLL (1878–1886) I, 161; Nelle (^{3}1924/1962) Nr. 307; RößlerL (^{2}2001) 645 ** NelleG ^{4}**1962**, 199 * Neubacher, Klaus: Lieder des evangelischen Religionsunterrichts, Ansbach **1968**, 6 * Sauer-Geppert **1984**, 116 f * Heiner, Wolfgang: Bekannte Lieder – wie sie entstanden, Neuhausen/Stuttgart ^{3}**1985**, 131 f * Erb, Jörg: Dichter und Sänger des Kirchenliedes, Bd. 4: Verfasser von Liedern und Weisen des Kirchengesangbuchs aus der Zeit des Dreißigjährigen Krieges und des Pietismus, Lahr-Dinglingen ^{2}**1986**, 74 f * Scheffbuch, Beate und Winrich: Dennoch fröhlich singen. So entstanden bekannte Lieder (Bd. 2), Holzgerlingen ^{2}**2001**, 165–168 (bes. 165 f)

Der Dichter Heinrich Georg Neuss gilt als gemäßigter Pietist. Das enge Vertrauensverhältnis zu August Hermann Francke spricht für seine vermittelnde Stellung. Sein Bekenntnis zum Pietismus kostete ihn jedoch die Anstellung. Trotzdem nimmt er manche Details der orthodox-lutherischen Lehre auf. Das ganze Lied stützt sich auf biblische Gedanken. Es geht von Psalm 51,12 aus (*Schaffe in mir, Gott, ein reines Herz*), zitiert allerdings nur die erste Hälfte des Verses, um dann sofort den Bezug zum vorhergehenden Vers herzustellen, in dem Gott gebeten wird, die Sünde nicht anzuschauen, die vor der Tür lauert, wie der Herr zu Kain gesagt hat (1. Mose 4,7: *Bist du nicht fromm, so ruhet die*

[1] Digitalisat: Historische Bestände der UB Leipzig.

Sünde vor der Tür). Die Herzenstür soll für die Sünde verschlossen, aber für den Einzug Jesu geöffnet sein, damit er wie durch einen Exorzismus alles Unreine aus seinem *Tempel* und *Haus* vertreiben kann. Sein Tempel und sein Haus sind *Herz* und *Gemüt* (Str. 3). Die werden durch das Licht Jesu und durch dessen helles Antlitz erleuchtet. Dadurch wird das Herz an himmlischen Gütern und Segen reich und gewinnt *Weisheit, Stärke, Rat* und *Verstand.* Deshalb kann es Gott rühmen. Anklänge an pietistische Sprechweise sind in dem Lied selten, die Herzensfrömmigkeit durchstrahlt aber das ganze Lied. In vier von fünf Strophen wird vom Herzen gesprochen, das rein und ein Tempel Gottes sein soll. Das „reine Herz" war in den Liedern der Reformationszeit ein positiver Begriff. Es wird hier allerdings vor allem „durch die Abwesenheit der Sünde, der ‚Unreinigkeit' bestimmt."[2] Dadurch wird der Begriff „rein" von seinem Gegenteil her verstanden. Das erinnert an einen Erziehungsstil, in dem die ständige Unterdrückung des Bösen im Vordergrund steht. Wodurch das Böse ersetzt werden soll, wird in Str. 4 deutlich, wo die Gaben Gottes, *Himmelsgut und Segen*, aufgezählt werden: *Weisheit, Stärke, Rat, Verstand.* Daniel lobt Gott nach einer Vision, denn ihm gehören Weisheit und Stärke (Dan 2,20). In Jesaja 11,2 wird vom Geist des Rates und der Stärke gesprochen. Der Satz *Dir öffn ich, Jesu, meine Tür* (Str. 2) könnte auf pietistische Denkweise hindeuten: Der Bekehrte öffnet seine Tür für Jesus. Aber das Auftun der Tür ist nach Kolosser 4,3 Sache Gottes, nicht des Menschen (*betet, dass Gott uns eine Tür für das Wort auftue*).

Es fällt auf, dass mehrere freikirchliche Gesangbücher an diesem Lied Gefallen gefunden haben. Im EG (wie schon im EKG) ist es das einzige Lied von Neuß, während in das pietistische Freylinghausen-Gesangbuch nicht weniger als 38 Lieder des Dichters Eingang gefunden haben. Die Herzensfrömmigkeit, die aus diesen Liedern spricht, mag ein Grund für die Beliebtheit gewesen sein und die einfache und allgemeinverständliche Sprache des Liedes hat ihm den Weg in Gemeinschaftskreise geebnet.

Das Lied hat keine eigene Melodie. Die Melodiezuweisung der Überschrift in der Quelle weist auf *Herr Jesu Christ, dich zu uns wend* (EG 155) hin.[3] Die Melodie des EG, *O Jesu Christe, wahres Licht* ist vom EKG (263) übernommen. Dazu siehe HEG III, H.12, 54.[4]

Die unterschiedlichen Melodien, auf die das Lied gesungen werden kann, zeigen, dass zwei Voraussetzungen gegeben sein müssen, um eine Melodie für dieses Lied zu verwenden: Jede Strophe muss vierzeilig sein und jede Zeile vierhebig (jambischer Vierheber mit paarweisen Endreimen). Dadurch stehen für das Lied mehrere Melodien zur Verfügung (z. B. EG 203 und 366), die jeweils durch ihren Rhythmus geprägt sind, nicht in erster Linie durch ihren inhaltlichen Textbezug.

Wolfgang Herbst

[2] Sauer-Geppert, 116.

[3] Diese Melodie finden wir auch in Sachsen 1883 und 1927 und in Bayern 1910.

[4] Eine weitere Melodie findet sich im Schlesischen Provinzialgesangbuch 1910: *O Jesu Christ, meins Lebens Licht* (EKG 317/EG 203). Im Brandenburgischen Gesangbuch von 1905 wird dem Lied die Melodie EG 366 *Wenn wir in höchsten Nöten sein* zugewiesen.

411 Gott, weil er groß ist

EG 411 RG 726ö+ KG 517ö+ CG 853ö+

Text

Verfasser Johann Scheffler (Angelus Silesius) **Entstehung** 1674 **Quelle** *Johannis Angeli Silesii Geistreiche Sinn und Schlussreime* (Angelus Silesius), Wien 1657, 3. Buch, Nr. 201[1] **Überschrift** *201. Gott gibt gern grosse Gaben* **Ausgaben** Angelus Silesius: Sämtliche poetische Werke in drei Bänden, Band 3, München 1952, 100; Cherubinischer Wandersmann. Kritische Ausgabe, hg. v. Louise Gnädinger, Stuttgart 1984, 142 **Besonderes** Reimspruch **Strophenbau** 13/6a- 13/6a- **Abweichungen** Z. 3 Ach daß wir *arme* **Verbindung TM** in der Q ohne N

Melodie

Incipit 1_<.23>4_2_ (<> = Triole) **Verfasser** Johannes Petzold **Entstehung** 1942 **Quelle** *Lieder einer jungen Gemeinde* (Loseblattsammlung), hg. von Samuel Rothenberg, Bl. 9, o. O., o. J. (um 1943/44) **Ausgabe** Johannes Petzold (Hg.), Klingende Kette. Neunzig neue geistliche Kanons, Leipzig o. J. (um 1949) **Ambitus** G: 10b; Z: 444b5(444b5) **Abweichungen** Q, Ausgabe, RG, KG, CG: halbe Notenwerte, 4/4-Takt **Verbindung MT** wie EG * weitere: *Toi qui nous aimes/ Gott, du bist Liebe/ God of all mercy/ Dios que nos amas/ Heer, hier aanwezig/ Tu che ci ami/ Tu que nos amas/ Ty nas miłujesz* in: Chants de/ Gesänge aus Taizé, Taizé in vielen Auflagen, hier nach 1994 und 2001

Literatur

HEG II, 239–241.270–272 ** ThustB, 356/Nf, 333; ThustL II,295 ** RößlerL (^{2}2001) 534 ** Schweizer, Rolf: Das Kanon-Singen. Ein methodischer Leitfaden, WEG III (**1995**), 13–19 (bes. 14)

Die Lieder des „schlesischen Boten" Johann Scheffler (1624–1677) im Gesangbuch[2] stammen alle aus der 1657 erschienenen Sammlung „Heilige Seelen-Lust Oder Geistliche Hirten-Lieder Der in jhren JESUM verliebten Psyche". Weit bekannter und bedeutender in der christlichen Theologie- und Frömmigkeitsgeschichte und in der Barock-Lyrik überhaupt ist Scheffler durch seine faszinierenden, immer wieder den Bereich der Ketzerei streifenden und unter dem Titel „Cherubinischer Wandersmann" im selben Jahr erstmals und später erweitert veröffentlichten Sinnsprüche, die Karl Barth „fromme Un-

[1] Digitalisat s. http://www.deutschestextarchiv.de/book/view/silesius_schlussrime_1657.

[2] *Mir nach, spricht Christus, unser Held* (Nr. 385); *Ich will dich lieben, meine Stärke* (Nr. 400); *Liebe, die du mich zum Bilde* (Nr. 401).

verschämtheiten"[3] nannte. Aus der mystischen Geistes- und Gedankenwelt des Görlitzer Schuhmachers Jakob Böhme (1575–1624) und dessen Biographen Abraham von Franckenberg (1593–1652) empfing Scheffler wesentliche Anregungen für seine mystische, auf die Vereinigung der Seele mit Gott hinzielende spirituelle Welt, die er in zum Teil extremen Paradoxien sprachgewaltig in Worte zu fassen verstand. Im Vorwort berichtet er, „dise Reimen" seien ihm „meisten theils ohne Vorbedacht und muehsames Nachsinnen in kurtzer Zeit von dem Ursprung alles gutten einig und allein gegeben worden auffzusetzen."[4] Formal handelt es sich um paarweise gereimte Alexandriner-Epigramme, jene ausladenden Zweizeiler aus zwei zwölf- oder dreizehnsilbigen, jambischen, sechshebigen Versen mit Mittelzäsur, die als „der wichtigste Vers der deutschen Barockdichtung"[5] gelten, für Schefflers paradoxe Poesie die ideale Gestalt. Mit einem solchen Zweizeiler ist Scheffler im EG vertreten.

Schefflers Lust, das Verhältnis von Gott und Mensch in krassen Formulierungen aufzugipfeln,[6] ist bei *Gott, weil er groß ist ...*[7] deutlich gemildert. Den Gegensatz bilden hier die Größe Gottes auf der einen und die Armut und Kleinherzigkeit des Menschen auf der anderen Seite. Möglicherweise leitet Scheffler seinen Zweizeiler ab aus 1. Johannes 3,20, wonach *Gott größer ist als unser Herz.* Dass *Gott groß ist,* ist ein biblischer Allgemeinplatz (z. B. Ps 96,4). Als seiner Größe entsprechende *Gaben* gelten seine Barmherzigkeit (Ps 51,3), Güte (Ps 86,5.15), Gnade (Röm 5,15–16), Liebe (z. B. Röm 5,5), der Heilige Geist (Apg 2,38; 10,45), das Land (Gen 12,7; Dt 7,8–10), eine gute Ernte (Dt 7,13), Kinder (Ps 127,3), Wunder (Ps 40,6), seine Werke generell (z. B. Ps 104,24; Jak 1,17), das ewige Leben (Röm 6,23), die Gaben des Geistes bei Jesaja (Jes 11,2; vgl. EG 126,4) und bei Paulus (1. Kor 12,4–11), der Glaube (1. Kor 12,9), Mut (Pred 3,13), Talent (1. Kor 7,7; 12,7), kurz: *alles, was wir haben* (EG 463). Nach einem Kernsatz der Theologie Philipp Melanchthons aus den Loci Communes von 1521 ist die Erkenntnis der Wohltaten Christi dasselbe wie die Erkenntnis Christi selbst.[8]

Dem gegenüber steht die Armut des Menschen, die den Kontakt mit Gott erschwert, wenn nicht verhindert. Sie ist hier kein Ideal wie im urchristlichen Wanderradikalismus oder den mittelalterlichen Bewegungen, in denen etwa bei den Franziskanern oder den Waldensern in selbstgewählter Armut radikale Jesusnachfolge praktiziert wird. Hier ist Armut existentielles Defizit in den *kleinen Herzen* der Menschen. Biblisch ist das Herz zwar das Zentrum des Menschen, das Organ, mit dem etwas erfasst wird, der verborgene Ort, an dem Lebensentscheidungen fallen (z. B. Mt 5,28).[9] Gleichzeitig aber ist es ein Kampfplatz, auf dem Mächte um Einfluss ringen (Mt 6,21), und es ist

[3] Karl Barth, Kirchliche Dogmatik, Bd. II/1, 316.

[4] Angelus Silesius, Cherubinischer Wandersmann [CW], Stuttgart 1984, Erinnerungs Vorrede an den Leser, 22–23.

[5] Frank, 45.

[6] Z. B. „Ich weiß, dass ohne mich Gott nicht ein Nu kann leben, werd ich zunicht, er muss vor Not den Geist aufgeben": CW I, Nr. 8, Stuttgart 1984, 28.

[7] Angelus Silesius, CW III, Nr. 201, Stuttgart 1984, 142.

[8] Philipp Melanchthon, Loci Communes 1521, lat.-dt. hg. vom Luth. Kirchenamt der VELKD, übers. von H.-G. Pöhlmann, Gütersloh 1993, 22.

[9] Vgl. Hans Walter Wolff, Anthropologie des Alten Testaments, Gütersloh ^{2}1974, 72.

Zielpunkt der Gaben Gottes (Hes 36,26; vgl. EG 428), ja schließlich sogar Wohnung Christi (Eph 3,17). Unzählige Lieder nehmen diesen Gedanken auf und beschreiben das menschliche Herz als Wohnung, Krippe oder Tempel (vgl. EG 1,5; 24,13; 130,1; 165,8; 166,2; 389,2; 428,5).

Das Unvermögen, die Fülle der Gaben Gottes im Herzen angemessen zu erfassen, äußert sich seufzend im Ausruf *Ach*, in dem auch mitschwingt, dass der Mensch sich narzisstisch gegenüber den göttlichen Wohltaten verschließen kann. In Schefflers Seufzer liegt die Klage über dieses Dilemma. Andere Lieder, die auch von der Herzensarmut, -dunkelheit und -kälte wissen (EG 134,1; 255,3; 428,5; 501,3), zeigen gleichzeitig aber Wege aus dieser Sackgasse. Der Kanon braucht deswegen einen weiterführenden Kontext, der deutlich macht, dass wir durch die Armut Christi reich werden (2. Kor 8,9; vgl. Röm 7,18–8,1). Diesen Ausblick darf man sich nicht durch die Klangpracht des Kanons vernebeln lassen.

Der *Kanon* von Johannes Petzold (1912–1985) entstand, anders als im EG angegeben, bereits 1942 in einer Krankheitszeit, die ihm nach der Entlassung aus der Wehrmacht für ein Jahrzehnt die Ausübung des Lehrerberufs unmöglich machte. Der handschriftlich nicht erhaltene Kanon erschien erstmals um 1943/44 in der von Samuel Rothenberg, einem engen Freund Petzolds, herausgegebenen Lose-Blatt-Sammlung „Lieder einer jungen Gemeinde“, dort notiert im 4/4-Takt mit Vierteln und Achteln,[10] und wurde in den folgenden Jahren mehrfach gedruckt.[11] Gleichzeitig lief er auch mündlich teils mit Varianten und ohne Autorenangabe um.[12] Mit dem badisch-pfälzischen „Anhang 77“ zum EKG beginnt die landeskirchliche Rezeption.[13]

Lautmalerisch setzt Petzold *groß* bzw. *große Gaben* in den beiden ersten Zeilen auf Melodiehöhepunkte, die *Armen* in der 3. Zeile hingegen auf einen langgezogenen Seufzer, um die Melodie mit den *kleinen Herzen* ganz „nach unten“ zu führen. Die Gegensätze zwischen den *großen Gaben* Gottes und den *kleinen Herzen* der Menschen kommen im weitgespannten Ambitus der Melodieführung und im gespreizten Gesamtklang des Kanons zwingend zum Ausdruck.

Der wohlklingende, in klassischer Kadenz mit den Stufen I – IV – V fortschreitende Kanon geht im EG anders als im Erstdruck und wegen eines gemesseneren Tempos im 4/2-Takt in Vierteln und Halben voran. Die Triolen der ersten Zeile mit übergebundener erster Note, bei denen man sich im Singen Zeit lasse, bilden im Zusammenklang ein belebendes Element. Wer den Kanon tiefer als notiert ansetzt, riskiert einen verschwommenen Klang. Wenn Männer und Frauen in allen vier Gruppen zusammen singen,

[10] RG 726.

[11] Vgl. www.johannes-petzold.de/werke/24-manuskripte-3-titel-von-e-bis-g/527-gott-weil-er-gross-ist.html.

[12] Martin Lange, Cousin des Komponisten, berichtet in einem Brief vom 3.1.1947 an Petzold, wie er den „prächtig klingenden“ Kanon bei einer CVJM-Freizeit auf diese Weise, aber mit kleinen Abweichungen in der Melodieführung kennengelernt hat.

[13] Neue geistliche Lieder. Anhang 77 mit Anhang 71, Neuhausen-Stuttgart 1977, Nr. 640, allerdings mit fehlerhafter, wohl aus mündlicher Tradition stammender Melodieführung zu Beginn, die statt Triolen wie im EG eine punktierte Halbe und zwei anschließende Achtel notiert.

klingt er achtstimmig prächtig-mächtig. Man kann in einer größeren Singgruppe auch zuerst Männer-, dann zweimal Frauen- und schließlich noch einmal Männerstimmen einsetzen lassen, lässt die letzte Stimme den Kanon einmal ganz singen und erhält so ein klares, durchsichtiges Klangbild.

Bernhard Leube

415 Liebe, du ans Kreuz für uns erhöhte

EG 415 RG 450

Text

Verfasser Karl Bernhard Garve **Quelle** *Christliche Gesänge,* Görlitz 1825 **Überschrift** *191) Nächstenliebe. Mel. O wie selig seid ihr doch, ihr F.* **Strophenbau** 10/5a- 10/5a- A5/2b- 10/5b- **Abweichungen** nach 1:2. *Ja, durch deine göttlichreine Liebe*; 3. *Könnten wir uns froh die Deinen nennen*; 4. *Laß von dir uns wahre Sanftmuth lernen*; 3,2 Lehr uns *Mildigkeit*; 3,4 *Brüderlich der Brüder Noth zu theilen*; nach 4: 8. *Menschenfreud, wer kann genug dich preisen?* 9. *Eignes Gute lehr' uns gern vergessen*; 10. *Alles, was wir thun in unserm Kreise* **Verbindung TM** in der Q ohne N, mit der Melodieangabe in der Überschrift ist vermutlich die heute im EG gebrauchte gemeint; Zahn weist bis 1825 neun Melodien zum genannten Text nach: Z I,1583–1590, danach noch zwei: Z I,1591–1592; vgl. auch Z I,1581

Melodie

Incipit 5__8__7b_5_6b_5_4_3b_4__3__ **Verfasser** Johann Crüger **Quellen** [(a) *PRAXIS PIETATIS MELICA*, Berlin 1647; DKL 1647[08]] * (b) Geistliche Kirchenmelodien (Johann Crüger), Berlin 1649 (DKL 1649[15]) **Ausgaben** Z I 1583; PPMEDW I/1, 520; CCC I, Nr. 153; GKM Nr. 153 **Ambitus** G: 9; Z: 6548 **Abweichungen** Q: Ganzton höher; ¢; Z. 2, N. 4+6 mit ♯, N. 6–7 punktierte Achtel mit Sechzehntel; Z. 4, N. 3 mit ♯, N. 8–9 Halbe (zu einer Silbe), N. 10 ♯ fehlt (anders als bei den Folgeauflagen) * RG: Vorzeichnung: 3♭ (ggf. im Melodieverlauf aufgelöst, so dass die Mel mit der im EG identisch ist); ¢ **Verbindung MT** *O wie selig seid ihr doch, ihr Frommen* (EKG 322; s. o. Text/Überschrift)

Literatur

HEG II, 66–69.103 f. ** ThustB, 358/Nf, 335; ThustL II, 301 f ** Bruppacher (1953) 360; RößlerL ([2]2001) 668; PPMEDW (2014 ff) I/2, 520* ** Meyer, Dietrich: Karl Bernhard Garve (1763–1841) und seine Bedeutung für das Lied in der Brüdergemeine, Unitas Fratrum, H. 78 (**2019**)

Dieses Lied von Karl Bernhard Garve (1763–1841), Dozent und Pfarrer der Brüdergemeine in Amsterdam, Ebersdorf, Norden, Berlin und Neusalz/Oder, ist als einziges seiner vielen Lieder in den Stammteil des EG aufgenommen worden. Es hat im Original zehn Strophen. Die im EG abgedruckten vier Strophen sind die markantesten und einprägsamsten. Sie verdeutlichen das Thema der Vorbildlichkeit der Liebe Jesu, die durch sein Kreuzesleiden so unübersehbar zum Ausdruck kommt. Die Auswahl der Strophen im EG endet mit dem Wunsch, Jesus zum Ebenbild zu werden, und bringt damit das christliche Ziel der Nächstenliebe auf den Punkt. Im Original folgen noch drei weitere Strophen, die Jesus als *Menschenfreund* preisen, dann aber den Blick zur Buße über den eignen Stolz und die eigene Leistung wenden: *Eignes Gute lehr' uns gern vergessen*. Das Original endet:

Herr, was sind wir ohne dein Erbarmen und nimmt damit einer bloßen Imitatio-Ethik die Spitze. Alles Bemühen des Menschen, Jesus gleich zu werden, endet schließlich doch mit der Scham über das eigene Versagen und gewinnt seine Kraft nur aus dem Blick auf Jesu Erbarmen. Die Nächstenliebe – so der Titel des Liedes im Original – folgt aus der Liebe Jesu zum Menschen, sie ist ein Ausfluss der Dankbarkeit für die erfahrene Barmherzigkeit. Dass bei Garve die Ethik der Nächstenliebe eingebunden ist in die empfangene Gnade, dass sie nicht als Forderung oder geforderte Leistung angemahnt wird, sondern aus der Anschauung und dem Gefühl der Dankbarkeit über Jesu Handeln am Menschen entfaltet wird (vgl. dazu den Heidelberger Katechismus, Teil III: Von der Dankbarkeit), gibt diesem Lied seine Stärke und Überzeugungskraft.

Die biblische Grundlage der einzelnen Strophen kommt aus verschiedenen Büchern des Neuen Testaments. Die erste Strophe schöpft aus der Theologie des Johannes-Evangeliums und deutet den Kreuzestod Jesu als seine Erhöhung und Kulmination seiner Liebe (Joh 3,14; 8,28; 12,32.34). Und sie sieht mit Johannes 17 das Ziel dieser Liebe in dem innerlichen Zusammenschluss der Herzen zu einer Bruder- und Schwesternschaft, zu einer Gemeinde. Das ist Theologie Zinzendorfs, der in seinem Neuen Testament das Johannesevangelium vor das Matthäusevangelium einbinden ließ, weil es ihm den Höhepunkt des Neuen Testaments bedeutete. Zeile 2 verweist auf Jesu Kreuzeswort in Lukas 23,34. Die sprachlich etwas komplizierte erste Strophe hat ihren Reiz darin, dass sie das bekannte Lied von Zinzendorf *Herz und Herz vereint zusammen* (EG 251) zitiert, es aber durch den Blick auf den am Kreuz Erhöhten in den rechten theologischen Kontext stellt. Insofern kann man das Lied als eine Interpretation des Zinzendorfischen Liedes verstehen.

Die zweite Strophe nimmt 2. Korinther 5,18–20 auf und fasst sehr prägnant den paulinischen Aufruf *Lasst euch versöhnen mit Gott* zusammen. Der Begriff des Versöhners ist im Herrnhuter Gesangbuch vielfach belegt und nimmt die reformatorische Liedzeile *Versöhner derer, die verlorn* (EG 179,3) und natürlich auch 1. Petrus 2,23 auf. Ungewöhnlich ist der Begriff *Dulder*, der sich in der zeitgenössisch aufgeklärten Dichtung (Jesu „Duldermuth") finden lässt. Aber Garve meint nicht den Mut im Ertragen des Leidens, sondern das willig angenommene Leid, um Jesus ähnlich zu werden und in der Gemeinschaft mit seinem Leiden seine Nähe zu erfahren. Die Aufforderung zu „dulden" ist in der mystischen Tradition zuhause: *Dulde, Christ, des Lebens Leiden, Dich dem Heiland ganz zu weihn!*[1] In der Mystik erhielt solches mutig ertragene Leiden eine Verklärung, die nicht biblisch ist. Garve geht es vielmehr darum, dass Glaube und Tun, Erkenntnis und Handeln nicht auseinanderfallen, sondern beide ein Zeugnis für Christus sind. So mag er etwa an die dem Lied überhaupt zugrunde liegenden Seligpreisungen der Bergpredigt Mt 5,3.10 f. oder an die Paulus in den Mund gelegte Empfehlung in 2. Timotheus 2,10.12 denken.

Wenn die dritte Strophe Christus als den Erbarmer preist, so haben wir hier einen für Garve zentralen Begriff, der in der Herrnhuter und allgemeinen pietistischen, aber auch aufgeklärten Liedtradition zu Hause ist und zu dem die letzte Strophe zurückführt. Man

[1] So die Verdeutschung des Lieds von Thomas von Kempen *Adversa mundi tolera*, abgedruckt bei: Albert Knapp: Evangelischer Liederschatz für Kirche, Schule und Haus, 4. Auflage, Stuttgart 1891, Nr. 2106.

denke ferner an das im EG Württemberg Nr. 617 abgedruckte Lied von Garve: *Stark ist meines Jesu Hand*, dessen erste Strophe endet: *Mein Erbarmer lässt mich nicht,/ das ist meine Zuversicht.* Man kann die Anrede Jesu als Erbarmer als ein Zitat oder eine Anspielung auf Paul Gerhardt *Gib mir, o mein Erbarmer,/ den Anblick deiner Gnad* (EG 85,4) verstehen. Garve erinnert den Hörer an sein Erleben der Passion Jesu in der Karwoche, die in der Brüdergemeine durch täglich mehrere Leseversammlungen intensiv begangen wird. Der Begriff der Milde hat damals noch eine andere Bedeutung als heute. Er ist ein „formelhaftes Beiwort" eines Herrschers oder auch Gottes, der die Fürsorge für die Seinen hervorhebt.[2] Darum bekommt es die Bedeutung von „freigebig, gütig, barmherzig, freundlich". Milde bedeutet aber auch, weniger hart zu sein, und hebt auf Jesu Sanftmut und Leidensbereitschaft in seiner Passion ab. Darum werden die Sanftmütigen glücklich gepriesen (Mt 5,5). Der Ausdruck *Mildigkeit* im Original erscheint mir stärker und sprechender als das bloße Adjektiv. In der Verbindung mit der Passion ist er durch das Lied von Valentin Herberger geprägt: *Erschein mir in dem Bilde,/ zu Trost in meiner Not,/ wie du, Herr Christ, so milde,/ dich hast geblut' zu Tod* (EG 523,3).

Strophe 4 ist eine Wiedergabe von Matthäus 5,44 bzw. Lukas 6,27 f. Aus Jesu Liebesopfer folgt die Lehre, die Jesus selbst in der Bergpredigt formuliert hat. Der Begriff „Ebenbild" wird im Neuen Testament immer auf Christus als Ebenbild des Vaters bezogen. In der Frömmigkeit des Pietismus wird er gern vom Menschen ausgesagt, der Christus ähnlich werden soll. Bei Zinzendorf ist die Ähnlichkeit mit Jesus ein zentrales Ziel seiner Ethik. Es lässt sich aber auch an Johann Scheffler denken (EG 401).

Die Stärke dieses Liedes ist die Verknüpfung von Jesu Heilstat mit der sich daraus ergebenden praktischen Folgerung und ethischen Forderung. Damit verliert die Nächstenliebe ihren gesetzlichen Charakter und wird als selbstverständliche Konsequenz von Christi am Kreuz erwiesener Liebe aufgefasst. So kommt Anbetung und praktische Tat in das rechte Gleichgewicht. Um die richtige Zuordnung beider geht es Garve immer wieder in seinen Liedern. Ich füge als weiteres Beispiel das Lied an:

O Liebe sonder Schranken,
Ja stärker als der Tod!
Wie kann mein Herz dir danken,
Mein Retter aus der Noth?
Ach, Liebe kann allein
Der Lohn der Liebe sein.
Herr, senke deine Liebe
Mir selbst ins Herz hinein.[3]

Freilich sind seit Garve fast 200 Jahre vergangen. Die Betonung der *Milde* Jesu und seiner Huld hat etwas Altmodisches, das fünfmalige *lehr uns* zeigt den Herrnhuter Seminarlehrer. Das EG bemüht sich durch eine kleine Korrektur um zeitgemäße und gendergerechte Sprache (*liebevoll* statt *brüderlich*). Vielleicht hat gerade die Betonung der *Milde* Jesu in unserer gewalttätigen und zunehmend gewaltbereiten Welt etwas Anziehendes und sehr

[2] DWb 12, Sp. 2201–2208.

[3] Christliche Gesänge, Görlitz 1825, Nr. 76.

Aktuelles, denn die Worte sind dem modernen Menschen durchaus verständlich. Garve spricht nicht die Sprache Kanaans. In seiner Jugend hat er sich an der Dichtung Friedrich Gottlieb Klopstocks, Johann Andreas Cramers, Matthias Claudius' und anderer gebildet. Man beachte, dass er in dem ganzen Lied zwar Christus anspricht, aber, ohne seinen Namen zu nennen, auch im Original in keiner der zehn Strophen. Er lebt nicht mehr in der Sprache und Empfindungswelt des 18. Jh. Man spürt hier seine als junger Mann gepflegte Vorliebe für Philosophie und Dichtung seiner Zeit, die ihm den Tadel und die Strafversetzung seiner Vorgesetzen einbrachte, die ihn ins Archiv der Brüdergemeine verbannte. Das Urteil von Albert Knapp ist treffend: „Unter den Sängern der Brüdergemeine ist er weitaus der universalste und kirchlichste, klassisch gebildet und in der Form geschmackvoll, namentlich im Gebrauch der Bildersprache nüchtern und gemäßigt."[4]

Garve gehört zu den fruchtbarsten Liederdichtern der Brüdergemeine, der auch schon früh in der Landeskirche rezipiert wurde. Seine Lieder wurden schon 1829 in das Berliner Gesangbuch aufgenommen, da Friedrich Schleiermacher Garve schätzte und zu ihm gelegentlich in den Gottesdienst kam. Knapp hat in der vierten Ausgabe seines Liederschatzes 51 Lieder von Garve aufgenommen.

Interessanterweise findet sich das Lied nicht in den freikirchlichen Gesangbüchern der Gegenwart. Ist es ihnen nicht pietistisch erwecklich genug? Bekannter sind Garves Lieder: *Stark ist meines Jesu Hand* (EG Wü 617) und *Reich des Herrn* (EG RWLR 602 und EG BEP 605).

Dietrich Meyer

Garve hat seinem Lied eine der bemerkenswertesten Melodien von Johann Crüger zugewiesen (oder es vielleicht direkt auf sie gedichtet). Crüger hatte sie zum Text *O wie selig seid ihr doch, ihr Frommen* von Simon Dach geschaffen. Das Strophenmaß ist ungewöhnlich: Erste, zweite und vierte Zeile haben zehn Silben in trochäischer Ordnung, die dritte ist mit 5 Zeilen nur halb so lang. Da sie jambisch strukturiert ist, enthält sie bloß zwei Akzentsilben und damit sogar weniger als die Hälfte der fünf Akzente in den langen Zeilen. Nach Pulsschlägen gezählt, ergibt sich nochmals eine andere Proportion, nämlich 7–7–4–6. Dieses Verhältnis ist gegenüber der Silben- und der Akzentproportion ein wenig ausgeglichener.

Die ersten beiden Zeilen beginnen mit zwei langen Noten (Halbe) und etablieren so einen Grundpuls, der für die darauffolgenden kurzen Noten ein flüssiges Singtempo erzeugt. Wegen des jambischen Versmaßes beginnt die dritte Zeile mit nur einer langen Note, so dass die Akzente richtig auf den Grundpuls zu liegen kommen.

Die dritte, kurze, Zeile liegt als einzige ausschließlich in der unteren Hälfte des Ambitus. Das wirkt wie ein Abwarten und Schwungholen für den geradlinigen Aufstieg durch die gesamte Oktave in der Schlusszeile. Diese letzte Zeile zeigt keine Verlängerung am Anfang; damit leitet sie den Schwung aus der vorhergehenden Zeile direkt in den Oktavaufstieg. Melodiezeilen im Oktavambitus sind im Kirchenlied immer etwas Besonderes – manchmal eine schwungvolle Eröffnung wie in der Genfer Melodie von Psalm 8

[4] Knapp, Evangelischer Liederschatz (wie Anm. 4), 1318.

(EG 271), manchmal eine Art Symmetrieachse in der Mitte wie in der Genfer Melodie von Psalm 66 (EG 279), manchmal – in absteigender Richtung – eine musikalische Zusammenfassung am Schluss wie in *Ein feste Burg ist unser Gott* (EG 362) oder *Vom Himmel hoch, da komm ich her* (EG 24). In unserem Fall führt die aufsteigende Tonleiter zu einem affektgeladenen Melodieschluss ohne emotionale Entspannung – im Gegensatz zum entlastenden Sekundschritt am Ende der anderen Zeilen.

Die Melodie wirkt affektmäßig intensiv. Außer der beschriebenen Schlusszeile sind daran auch die ersten beiden Zeilen beteiligt: zunächst durch den Quartsprung, der als Beginn einer trochäisch strukturierten Zeile eher ungewöhnlich ist, durch den expressiven Halbtonschritt von der 5. zur 6. Note und durch die Überschreitung des oberen Grundtons in der zweiten Zeile. In der ursprünglichen Fassung kommen noch mehrere Hochalterationen dazu, die teilweise im Lauf der Überlieferung verloren gegangen sind. Dies betrifft den dritten Ton der zweiten Zeile, der von der Moll-Grundtonart eigentlich tief wäre (*as* in unserer Notation); die Erhöhung fällt wegen der historisierenden „dorischen" Notation mit zwei statt drei Vorzeichen nicht auf. Dann geht es um die beiden Achtel nach der Mitte derselben Zeile: bei Crüger sind sie beide erhöht (*h* und *cis* statt *b* und *c*). Schließlich ist bei Crüger der dritte Ton der Schlusszeile erhöht (*e* statt *es*) – diese Erhöhung ist aber zum Beispiel bereits in Bachs vierstimmiger Version weggefallen.

Die Fassung im EG findet sich im „Eisenacher Stamm" von 1854 und wurde in der Folge von den meisten Gesangbüchern übernommen, durchgehend seit dem DEG 1915 (von den 1920er Jahren an in mehreren Landeskirchen übernommen), dann in den deutschen und deutschschweizerischen Gesangbüchern des 20. Jh.

In Crügers Fassung zeigt sich die zunehmend funktional verstandene Harmonik des Barock mit ihrer Tendenz, durch eingefügte Leittöne dominantische Akkordverbindungen zu schaffen. Über den Grund für den Verzicht auf diese Leittönigkeit können wir nur spekulieren. Er mag mit der Rücksicht auf die Gemeinde zusammenhängen, vielleicht zeigt sich darin auch ein gewisser Archaismus.

Auch in der harmonisch abgeschwächten heutigen Form ist die Melodie emotional noch hoch geladen und fügt sich gut zu der ausdrucksvollen Sprache von Garves Lied.

Andreas Marti

435 Dona nobis pacem

EG 435ö RG 334ö+ KG 597ö+ CG 912ö+ EM 494ö

Text

Vorlagen Liturgie (aus dem *Agnus Dei)* vgl. HEG III, H. 6/7, 99 f **Quelle** s. Melodie **Strophenbau** Prosa **Verbindung TM** wie EG

Melodie

Incipit 1-53__ 2-54__ 3_2_1_ 1_-7__ **Verfasser** Fritz Jöde **Quelle** *Der Kanon. Ein Singbuch für Alle.* 3. Teil (Von der Mitte des vorigen Jahrhunderts bis zur Gegenwart; Fritz Jöde, Hg.), Wolfenbüttel 1926, 261 **Ambitus** G: 9; Z: 7b7b4688(7b7b4688) **Verbindung MT** wie EG

Literatur

HEG II, 168; HEG III, H. 6/7, 99 f ** ThustB, 369/Nf, 346; ThustL II, 335 ** Stapelberg, Reinhold: Fritz Jöde, Leben und Werk, Trossingen / Wolfenbüttel **1957** * Jonas-Corrieri, Waltraut / Scholtz, Wilhelm (Hg.): Die deutsche Jugendmusikbewegung in Dokumenten ihrer Zeit von den Anfängen bis 1933, Wolfenbüttel / Zürich **1980** * Rohwer, Jens: Fritz Jödes Musikauffassung und spezifische Musikalität am Beispiel seiner Analysen einiger Inventionen J. S. Bachs, in: Karl-Heinz Reinfandt (Hg.), Die Jugendmusikbewegung – Impulse und Wirkungen, Wolfenbüttel / Zürich **1987** * Schütte, Rika Tjakea: Fritz Jödes Wirken in der Jugendmusikbewegung – Menschenbild und Bestrebungen zur außerschulischen Musikvermittlung, Saarbrücken **2008** (Digitalisat) * Marti, Andreas: Die Kanons der Kernliederliste, MGD 68 (**2014**) 140–143

Das *Dona nobis pacem* ist die Bitte um Frieden, die im 10. Jh. an Stelle des *miserere nobis* an den dritten Teil des Agnus Dei angefügt worden war.[1] Der liturgische Zusammenhang wird darin deutlich, dass dem *Lamm Gottes* der Friedensgruß vorausgeht sowie das Zeichen des Friedens, das sich die Gemeindeglieder gegenseitig geben.[2] Nach diesem persönlich einander zugesprochenen Friedensgruß folgt am Ende des Gesanges die Bitte an Gott, den Frieden zu verwirklichen. Das folgende Gebet im katholischen Messbuch bringt dann die Zusage des Friedens mit dem Wort Jesu Johannes 14,27 *Den Frieden lasse ich euch, meinen Frieden gebe ich euch.* Im protestantischen Gottesdienst gibt es dafür

[1] Zur Verbindung der Akklamation „Lamm Gottes" und dem Friedensgruß siehe Ansgar Franz / Thomas Hieke / Konrad Huber / Alexander Zerfaß, Brotbrechung / Agnus Dei, in: Birgit Jeggle-Merz u. a. (Hg.), Leib Christi empfangen, werden und leben. Die Liturgie mit biblischen Augen betrachtet, Stuttgart 2016, 91–108.

[2] EGb 2000, 118.

keine Entsprechung. Hier wird erst nach Beendigung der Austeilung der ganzen Gruppe zugesprochen: „Gehet hin im Frieden".

Das *Dona nobis pacem* hat im Laufe des 20. Jh. in Gestalt dieses dreistimmigen Kanons eine Art Erweiterung der Liturgie in die Öffentlichkeit hinein erlebt und wurde ohne Verbindung zum Agnus Dei[3] als intensive gemeinschaftliche Bitte um politischen Frieden empfunden. Wenige Jahre nach dem Ende des Ersten Weltkrieges, nach dem Konjunktureinbruch mit Geldentwertung und inmitten der Parteienkämpfe der Weimarer Republik hat das gemeinsame Singen des Kanons *Dona nobis pacem* eine besondere Bedeutung gewonnen. Der Kanon hat sich nach seiner Veröffentlichung 1926 beinahe schlagartig verbreitet. Er bekam in der zweiten Hälfte des 20. Jh. in der Friedensbewegung einen festen Platz und wurde bei verschiedenen Demonstrationen immer wieder als besonders ermutigend erlebt.

Fritz Jöde hat den Kanon in der Sammlung „Der Kanon – Ein Singbuch für alle" veröffentlicht. In dem dreiteiligen Werk steht der Kanon im dritten Teil, der sich der Spätromantik und der Gegenwart widmet. Das bedeutet, dass damit die oft vermutete Urheberschaft aus älterer Zeit ausscheiden soll. Vor 1926 gibt es keinen Beleg für die Existenz dieses Kanons. Er hat in viele Liederbücher Eingang gefunden, vor allem in die Fritz Jödes. In dessen früheren Veröffentlichungen finden wir *Dona nobis pacem* noch nicht. Unter den Beispielen aus der Gegenwart stehen in Jödes Kanon-Sammlung insgesamt 41 Kanons, bei denen die Herkunft nicht bekannt ist. Dabei unterscheidet Jöde sehr sorgfältig drei Kategorien: 1. „Mündlich überliefert" bedeutet, dass der Kanon aus der Singepraxis stammt, woher auch immer. 2. „Volkstümlich", das heißt: Er ist in bestimmten Gebieten verbreitet und in der jeweiligen Volkskultur verankert. 3. Die konkreteste Aussage ist: „Komponist unbekannt". Sie bedeutet: Hinter dem Werk ist die Persönlichkeit eines Komponisten zu vermuten. Damit soll die oft vermutete Urheberschaft aus älterer Zeit ausscheiden. In diese Kategorie ist *Dona nobis pacem* durch den Vermerk über den Noten eingeordnet. Dabei fällt auf, dass Jöde selbst sich innerhalb seines Kanonbuchs nirgends als Komponist, Bearbeiter oder Textunterleger bekannt hat und sich auch nicht in das Verzeichnis der Autoren, Bearbeiter und Übersetzer eingetragen hat, obwohl er nachweislich z. B. den englischen Sommerkanon *Sumer is icumen in* selbst bearbeitet und ins Deutsche übersetzt hat.[4] Ähnliches lässt sich auch bei anderen Kanons feststellen z. B. *Es ist ein Ros entsprungen.*[5] Jens Rohwer berichtet, „daß Jöde sich selbst nie als musikalisch schöpferisch betrachtet oder ausgegeben hat, daß er seine Mission rein pädagogisch verstand und dabei [...] Selbstentsagungskraft besaß."[6] Darüber hinaus hat er seine eigenen Kompositionen nicht sehr geschätzt, sondern sie als „gepfuschte Lückenbüßerei" verstanden.[7] Das legt den Schluss nahe, dass sich Jöde als Autor des Kanons hinter dem Hinweis „Komponist unbekannt" versteckt hat. Er wollte

[3] Die selbstständige Friedensbitte, die nicht ins Agnus Dei integriert ist, findet sich schon in der Antiphona ad pacem *Da pacem domine,* vgl. HEG 3, H. 20, 77.

[4] Schütte, 89 Anm. 302.

[5] HEG III, H. 2, 26.

[6] Rohwer, 23.

[7] Mündliche Äußerung Jödes, mitgeteilt von Ernst Arfken, in HEG II, 168.

offensichtlich seinen Namen nicht im Zusammenhang mit den etablierten Komponisten seiner Zeit lesen, sondern wollte als „Komponist unbekannt“ bleiben. Das Jahr der Veröffentlichung des Kanons (1926) war für ihn insofern wichtig, als er am 11. Juni im Rahmen der Volksmusikschule der Musikantengilde Berlin seine erste „Offene Singstunde“ abgehalten hat. Diese Form des Gemeinschaftssingens „für alle“ erlebte danach einen Siegeszug durch ganz Deutschland. Fritz Jöde wollte das lebendige Singen im Kreis fördern, nicht die musikalische Leistung auf dem Konzertpodium. Dabei spielte das Kanonsingen eine wichtige Rolle als Einführung in die polyphone Mehrstimmigkeit.

Die Melodiebildung dieses Kanons hält sich genau an die von Jöde geforderten Prinzipien. Die zeitgenössischen Kanons des 3. Teils versuchen laut Jöde „aufs neue Brücken zu schlagen zu der Kanonkunst unserer älteren Meister“.[8] In diesem Zusammenhang scheint unser Kanon sich an die Musik der Klassik anzulehnen. *Dona nobis pacem* ist noch ganz der Funktionsharmonik verpflichtet, die in der Jugendmusikbewegung erst allmählich zurücktrat.[9] Die eröffnende Quartsextakkord-Tonfolge mit ihrem Fragecharakter baut eine Spannung auf zu dem Dominantseptakkord in Takt 2 und weiter zur Modulation in die Dominante C-Dur. Die zweite Hälfte des Themas bringt die Antwort durch „Entspannung in der Innendynamik“ (Jöde). Sie beginnt mit der Subdominante und führt über die Tonika und den Dominant-Vorhalt zurück zum Grundton. Alle drei Teile dieses Kanons haben einen eigenständigen Charakter, wobei der vorletzte Takt mit seiner instrumental empfundenen Basskadenz etwas aus dem Rahmen der Jödeschen Melodieprinzipien fällt, was aber der weltweiten Verbreitung keinen Abbruch getan hat.

Der Kanon *Dona nobis pacem* muss als eine Eigenkomposition Fritz Jödes angesehen werden. Seiner überragenden Erfahrung im Offenen Singen und seiner umfassenden Kenntnis der musikalischen Form verdanken wir den meistgesungenen Kanon der Ökumene. Die apodiktische Feststellung, der Komponist sei unbekannt, hat zwar seit 1926 immer wieder zu Spekulationen über die Herkunft der Melodie geführt, aber niemals auch nur zur kleinsten Variante, wofür Jöde selbst gesorgt haben dürfte. Dass er durch sein Versteckspiel nicht die Urheberrechte an diesem Kanon beanspruchen konnte, wird ihn kaum gestört haben, denn er besaß die Rechte an dem gesamten Buch.

Wolfgang Herbst

[8] Jöde, 382.
[9] Schütte, 85.

441 Du höchstes Licht, du ewger Schein

EG 441ö RG 560ö

Text

Verfasser Johannes Zwick **Quelle** *Christenlicher gantz Trostlicher vnderricht/ wie man sich zů ainem säligen stärben beraiten sölle* (Hans Zwick), Konstanz 1545[1] **Überschrift** *Das ander zů singen in voriger Melody.* **Ausgabe** W III,694 **Besonderes** Der Text folgt bereits in der Quelle auf *All Morgen ist ganz frisch und neu* (EG 440) **Strophenbau** A8/4a A8/4a A8/4b A8/4b vgl. Frank 4.58 **Abweichungen** 1,1 *Ewiger* Schein; 1,4 *gleich* früh *vnd* spät; 2,3 *Der* mit *seinr* Lehr; 3,1 der *gantzen wälte liecht*; 3,2 *Darbey ain jeder clarlich siecht*; 4,1 Den Tag, *o Gott/ deins*; 4,3 *darmit so* wir; 4,4 *Werdint dannocht* des; 5,1 *wie es* wohl *anstat*; 5,2 *Denen das hertz erleuchtet hat*; 5,3 *Der hailsam tag/ vnd gnadreich zeit* 5,4 *Die kain finsternuss vmb sich leit*; 6,4 *Durch die würt din eehr* offenbar; 7,3 Gott *leuchst/ die recht clarhait*; 7,4 *Das schönste* Licht; 8,2 an *diss morgen gsang*; 8,3 *Das gsungen sey diss tage* Weis; 8,4 *Zu gutem* uns * RG: 1,4 *gleich* früh *und* spät; 8,1 nimm *an* von uns **Verbindung TM** in der Q ohne N; die in der Überschrift genannte „vorige Melodie“ findet man drei Lieder zuvor – alle vorausgehenden verweisen jeweils auf die vorige – in Form von zwei Textinicipits zur Auswahl: *Jetzt ist aber ein Tag dahin* (dieses Abendlied von J. Zwick ist 1540 in Konstanz gedruckt, vgl. DKL III/1.3, Eh8; Z I, 348) und *Christe, der du bist Tag und Licht* (hier ist möglicherweise auch die Konstanzer Melodie von 1540 gemeint, vgl. DKL III/1.3 Eh13, auch wenn die Hymnenmelodie verbreiteter ist, vgl. DKL III/1.1, B12–B12D; Z I 343; EKG 353) * weitere: *All Morgen ist ganz frisch und neu* (EKG 337, EG 440, auch Alternativvorschlag bei EG 441); *Herr Jesu Christ, dich zu uns wend* (EG 155, in Evangelisches Gesangbuch für Elsaß-Lothringen, Straßburg 1899)

Melodie

Incipit 13_1_3_5_6_6_5_ **Vorlage** *Wssickni wěrnj Pána zneyme* in: *Piesně Chval Božskych*, Praha 1541 (Tschechisches Brüdergesangbuch) **Quelle** *Ein Gesangbuch der Brüder inn Behemen vnd Merherrn* […], Nürnberg 1544 (DKL 1544[01]) **Ausgaben** Z I,309; DKL III/1.3, Eg97 **Ambitus** G: 8; Z: 646b6 **Abweichungen** Q: Quinte tiefer; ¢; Z. 1 vor N.1 Achtelpause; Z. 4 letzte N mit Fermate * RG: Ton höher; ¢; Z. 1 vor N.1 Achtelpause; Z. 4 letzte N Ganze **Verbindung MT** in der Q: *Lob sei dem allmächtigen Gott* (M. Weisse) * *Wenn alle Sterne schlafen gehn* (G. Fritzsche 1939; RG 575)

Literatur

HEKG (Nr. 337) I/2,494 f; III/2,406 f; Sb 524 f; HEG II,45–47.361 f ** WGL1 V,171 f; RGL1 739 f; ThustB 373/Nf, 350; ThustL II, 344–346 ** DKL III (1993–2010)/1.3, Textbd. 68 f; Schlunk (1951) 83 f; Bruppacher (1953) 82 f ** Spiecker, Kyrilla: Du höchstes Licht, du ew'ger Schein, in: Predigten zum Gotteslob, hg. von Paul Nordhues und Alois Wagner, Bd. 3: Gesänge zur Eucharistie und Christuslieder, Graz/Wien/Köln 1977, 186–191

[1] Digitalisat: https://reader.digitale-sammlungen.de.

Der Morgen wird nur in der originalen Überschrift („Ein ander Morgen gesang“, d. h. ein zweites Morgenlied nach *All Morgen ist ganz frisch und neu*) und in der originalen Fassung der Schlussstrophe genannt (*nimm von vnß an diss morgen gsang*). Evangelische Morgenlieder und -gebete nahmen häufig die Motive aus Luthers Morgensegen auf, etwa den Dank für den göttlichen Schutz in der Nacht oder die Bitte um einen guten neuen Tag. Sie fehlen in Zwicks Lied; sein durchgehendes Thema ist das Licht. Gott ist selbst das *höchste Licht* (1,1), und zwar unabhängig von der Tageszeit: *früh wie spät* (1,4). Die Lichtmetapher erlaubt die Annäherung an das Geheimnis Gottes, das in dieser Bildlichkeit auf paradoxe Weise zur „Klarheit“ wird. Diese Klarheit der Gotteserkenntnis ist begründet in Christus, dessen Lehre *hell scheint und leucht* (2,3). Er geht von Gott aus als Glanz von seiner Gnade (1,3, vgl. Hebr 1,1–3, *der Abglanz seiner Herrlichkeit*, und im Credo „lumen de lumine“ – Licht vom Licht). So wird er das *Licht der Welt* (3,1; vgl. Joh 8,12). Dieses Licht weist auf den *hellen, schönen, lichten Tag* (3,3) der ewigen Seligkeit hin. Es ist dieses Licht aus der Ewigkeit, das die Herzen erleuchtet (5,2) und Blindheit und Finsternis vertreibt. Die Strophen 4–7 greifen an verschiedenen Stellen die biblische Licht-Metaphorik auf: *Kinder des Lichts und Kinder des Tags* (1. Thess 5,5) am Ende von Str. 4, der aufgehende Tag (2. Petr 1,19) in Str. 5, die *Werke der Finsternis* (Röm 13,12) am Anfang von Str. 6, die *heilige Stadt* im ewigen Licht Gottes, ohne Tag und Nacht aus Offenbarung 21,23 und 22,5 in Str. 7.

Das Lied nimmt hier, vor allem in den Strophen 5 und 6, eine Wendung zum Ethischen, die besonders für die oberdeutsche Spielart der Reformation bezeichnend ist, die sich aber auch schon in der lateinischen Hymnodie findet, so in *Splendor paternae gloriae* des Ambrosius.

Das ganze Lied ist als Gebet formuliert, zeigt aber über weite Strecken auch verkündigend-argumentativen Charakter. Deutlich im Gebetsmodus stehen die letzten beiden Strophen, zuerst als Bittgebet, das den eschatologischen Ausblick wieder aufnimmt, dann als Lob, das gleichermaßen Gott *zum Preis* und uns *zum Guten* dient: Wenn wir Gott loben, erfüllen wir eben nicht eine Schuldigkeit, sondern wir treten so mit ihm in eine Verbindung, die uns zum Leben dient, so dass sein Licht unser Erkennen erleuchtet und unser Handeln leitet.

Wie auch andere Lieder der oberdeutschen Reformation ist dieses Morgenlied von den Elsässer Reformern am Ende des 19. Jh. wiederentdeckt und für den Gemeindegesang im Elsässer Gesangbuch von 1899 zurückgewonnen worden. Gegenüber dem oberdeutsch-alemannischen Original waren einige sprachliche Retuschen anzubringen, die aber in die Substanz nicht eingriffen. Am stärksten verändert ist der Anfang von Str. 3, wo es im Original heißt: *Er ist der gantzen wälte liecht, darbey ain jeder clarlich siecht ...* (natürlich mit dem typisch alemannischen fallenden Dipthtong „íĕ“ auszusprechen), aber auch da ohne Eingriff in die Aussage. Weggefallen ist allerdings – wie eingangs festgestellt – die Nennung des Morgens in der letzten Strophe, so dass die vorliegende ökumenische Fassung nur durch die Zuweisung zur Rubrik der Morgenlieder explizit als solches zu erkennen ist.

Eine stabile Melodiezuweisung hatte der Text bislang nicht. In dem Konstanzer Druck von 1545 wird auf zwei Melodien verwiesen, nämlich *Jetz ist aber ain tag dahin*[2]

[2] Im Gesangbuch von Zürich/Konstanz 1540, 124; Z I,348, DKL III/1.3 Eh8.

und *Christe, der du bist tag und liecht*. Zu diesem Text wurden verschiedene Melodien gebraucht; gemeint ist sicher diejenige, die sich im Konstanzer Gesangbuch, Zürich 1540, findet.[3] Sie ist rhythmisch ziemlich komplex, könnte eventuell die Melodie aus einem Tenorliedsatz sein. Sie trägt die Autorenangabe „W. M.", die sich auf die Melodie beziehen muss, da die Textnachdichtung schon früher vorliegt. Damit ist Wolfgang Mösel gemeint, dessen Identifikation mit dem Straßburger/Augsburger/Konstanzer/Berner Reformator Wolfgang Musculus strittig ist.[4] Dieselbe Zuweisung gilt im Druck von 1545 für die Lieder *Uss Gottß gebotten dsünd bedenck*[5], *Die zeit ist ungwiss und fast kurz*[6] und *All morgen ist gantz frisch und neuw.*[7] Das elsass-lothringische Gesangbuch von 1899, das als erstes den Text wieder aufgenommen hat, verwendet die Melodie *Herr Jesu Christ, dich zu uns wend*, das EKG dieselbe wie zu *All Morgen ist ganz frisch und neu*, d. h. Johann Walters Melodie zu Luthers Weihnachtslied *Vom Himmel hoch, da komm ich her*.

Die heutige Melodie stammt aus dem Repertoire der Böhmischen Brüder, verbunden mit *Lob sei dem allmächtigen Gott*, und kam erst im Schweizer Reformierten Gesangbuch von 1952 zum Text. Sie zeigt als einziges rhythmisches Differenzierungselement die Verkürzung des Auftakts. Diese verdeutlicht das jambische Metrum, ist aber für den Gemeindegesang nicht optimal, so dass andere Melodien in dieser Situation häufiger den Auftakt gedehnt haben. Innerhalb der Zeile gibt es keine rhythmische Ausdifferenzierung, so dass noch eine gewisse Nähe zum frei fließenden Sprachrhythmus fühlbar ist, die beim Singen in einer flexiblen rhythmischen Führung nachvollzogen werden darf.

Im Aufbau zeigt die Melodie eine deutliche Symmetrie. Die Randzeilen bewegen sich im unteren, die mittleren im oberen Bereich des Tonraums, wobei diese mittleren Zeilen bis zur drittletzten Note auch noch identisch sind; Zeile 3 leitet am Ende die Rückwendung in den unteren Ambitusbereich ein.

Der Kommentar in DKL III weist die Melodie einem um 1500 verbreiteten Typus von Melodien in der F-Tonalität zu (original war sie nicht auf C, sondern auf F notiert).[8] Er zeichnet sich aus durch die Umspielung des Grunddreiklangs mit der Sexte und die Kadenzierung auf die Quinte. Beides ist hier in aller wünschbaren Deutlichkeit realisiert, und Ähnlichkeiten mit anderen Melodien weisen daher kaum auf direkte Abhängigkeiten hin, sondern sind der Typuszugehörigkeit geschuldet.

Die Zuordnung der Melodie zu diesem Text hat eine gelungene Einheit geschaffen. Die Klarheit des Aufbaus und die Helligkeit, die durch das lange Verweilen im oberen Tonraum entsteht, verbinden sich in assoziativer Weise überzeugend mit dem Text.

Andreas Marti

[3] S. 201; DKL III/1.3 Eh13.

[4] Vgl. dazu Andreas Marti, Gottesdienst und Kirchenlied bei Wolfgang Musculus, in: Rudolf Dellsperger, Rudolf Freudenberger und Wolfgang Weber (Hg.), Wolfgang Musculus (1497–1563) und die oberdeutsche Reformation, Berlin 1997, 201–225.

[5] W III,691.

[6] W III,692.

[7] W III,693.

[8] DKL III/1.3, Eg97.

458 Wir danken Gott für seine Gaben

EG 458(ö) RG 627ö EM 623(ö)

Text

Verfasser Erasmus Alber **Entstehung** Der Liedtext findet sich auf der Rückseite des ersten Blattes eines Einzeldrucks der 42. Fabel des Erasmus Alber, der den Titel trägt: *Ein schön kurtzweilig vnd nützlich geticht, Von einem armen Edelmann* [...] *durch Erasmum Alber gemacht, Vnnd gedachter stadt Vrsel zum newen jar geschenckt* (1537) **Quelle** *Ein Benedicite vor essens: Der vns beschert hat speyß vnd tranck, Dem sei gesagt lob, ehr und danck. Gracias* [1537] **Ausgabe** Archiv für Literaturgeschichte VI, Leipzig 1877, 3f **Strophenbau** A9/4a- A9/4a- A8/4b A8/4b A8/4c A8/4c A9/4d- A9/4d- vgl. Frank 8.39 **Abweichungen** 1,1 *umb* seine; 1,4 *fürthin mehr*; 1,5 V*nd auch* speisen *mit*; 1,8 nach *disser Welt* * RG: ohne die Zeilen 7 und 8 **Verbindung TM** in der Q ohne M * weitere: EKG 372 (da die Melodie hier vierzeilig ist, wird der Text auf zwei Strophen aufgeteilt; die dritte Strophe von Albert Knapp steht mit dieser Melodie unter EG 462; Knapp hatte seiner dreistrophigen Fassung die Melodie *Vor deinen Thron tret ich hiermit* zugewiesen und meint damit vermutlich *Wenn wir in höchsten Nöten sein*); Z I,546b (DKL 1646[13]) * (Figuralsatz bei Johann Eccard, Newe Lieder mit fünff und vier Stimmen, Königsberg 1589; Nr. 19)

Melodie

s. *Nun danket Gott, erhebt und preiset* (EG 290), mit Wiederholung der Z. 1 u. 2 am Ende sowie der Repetition des Schlusstons zum Text *Amen.* Diese Melodie findet sich in dieser Form nur im EG und im EM. Im RG endet das Lied mit *hier und dort.*

Literatur

HEKG (Nr. 372) I/2, 535; III/2, 498–500; Sb 563; HEG II, 19f ** ThustB, 384f/Nf, 362f; ThustL II, 381f** KLL (1878–1886) II, 398; EEKM (1888–1895) IV, 454–457; Nelle ([3]1924/1962) Nr. 427; Schlunk (1951) 371 ** Stalmann, Joachim: „Du bist mein Heil, des freu ich mich" – Leben und Lieder des Erasmus Alber (*um 1500 †5. Mai 1553), Mecklenburgia sacra 6 (**2003**) 25f.30f

Unter dem Eindruck der Reformation widmete sich der Torgauer Kantor Johann Walter der Erneuerung des Evangeliums durch den evangelischen Kirchengesang. Neu eingefügte Liedsätze in der letzten Ausgabe seines Chorgesangbuchs von 1550/51 zeigen durch die Texte von Erasmus Alber diesbezüglich die thematische Richtung an: *Gott hat das Evangelium / gegeben, dass wir werden fromm.* In einem Zyklus zum Tageslauf platziert er *Wir danken Gott für seine Gaben* in einstrophiger Form ohne *Amen* als „Gracias" nach dem Essen und stellte es mit weiteren Liedern von Alber zu einem Zyklus zum Tageslauf zusammen. Diese praktische Verwendung ist noch heute im EG erhalten geblieben: *Steht auf, ihr lieben Kinderlein* (EG 442) am Morgen wird mit dem Schöpferlob am Mittag *Wir danken Gott für seine Gaben* fortgesetzt, und der Tag wird mit *Christe, du bist der helle Tag,/ vor dir die Nacht nicht bleiben mag* (EG 469) beschlossen.[1] In der Literatur wird immer wieder darauf hingewiesen, dass Alber sich von Tischgebeten Luthers inspirieren ließ.[2] Als Vorlage des Liedes diente insbesondere der Psalter (Ps 106,1; 136,1.25; 147,9 ff). Dies hat zur Unterbringung in der Rubrik „Mittag und das tägliche Brot" geführt. Im EKG wurde *Wir danken Gott für seine Gaben* noch deutlich als Tischgebet gekennzeichnet. Aufgrund einer vierzeiligen Gliederung des Textes ist hier eine Variante mit einer Melodie von Nikolaus Herman zu finden (EKG 372 I). So ist es möglich, dass *Wir danken dir, Herr Jesu Christ,/ dass du unser Gast gewesen bist* von Albert Knapp (EG 462) im EKG als dritte Strophe anschließt. Zur Melodie aus dem Genfer Psalter im EG vergleiche den Kommentar zu *Nun danket Gott, erhebt und preiset* (EG 290).[3]

Die zwei Sätze des Liedes haben es in sich. Erasmus Alber verbindet die alltägliche Situation des Essens mit dem Abendmahl und dem eschatologischen Tisch des Herrn. Die Zeilen 1–6 bilden einen eucharistischen Sachzusammenhang zwischen irdischem Essen (creatio continua) und ewigem Gastmahl (creatio nova). In den letzten beiden Zeilen klingt eine eschatologische Bitte mit finalem *Amen* an. Jede Tischsituation erinnert durch Lob und Dank an diese miteinander verschränkten Dimensionen. Der zugrundeliegende biblische Zitatenkosmos macht den alltäglichen Tisch zum Erinnerungsort für den einen Tisch des Wortes. Alber macht diese altkirchliche Vorstellung dadurch deutlich, dass er die nicht näher spezifizierten „Gaben" mit dem Wort Gottes identifiziert: *und speist dich mit Manna, das du und deine Väter nie gekannt hatten, auf daß er dir kundtäte, daß der Mensch nicht lebt vom Brot allein. Sondern von allem, was aus dem Mund des HERRN geht* (5. Mose 8,3 parr Mt 4,17) und damit fortfährt, wie dieses uns auf Erden sättigt und zur ewigen Seligkeit führt, gemäß Johannes 6 mit dem christologischen Höhepunkt *Ich bin das Brot des Lebens. Wer zu mir kommt, den wird nicht hungern* (vgl. insb. Joh 6,27.32–35.51.68 u. damit Ps 78,24). Wie das tägliche Essen nötig ist, so nötig ist die tägliche Verinnerlichung von Jesus Christus als dem inkarnierten Wort Gottes (Joh 1; Hebr 1) und rechten Himmelsbrot (2. Mose 16,13–15; Jer 15,16). Der Dank für und die Bitte um diese Gabe des Gotteswortes wird auf alle drei angeführten Zeitstufen bezogen: Vergangenheit (*danken, empfangen haben*), Gegenwart (*bitten, beschern und speisen*) und Zukunft (*wollst uns geben*). Der Spannung zwischen *hier* und *dort* entspricht das Abendmahl als Vorgeschmack des ewigen Gastmahls (1. Kor 10,3.16; Mt 22,1–10; 26,26–28; Mk 14,22; Lk 13,29; 14,15–24). Das Lied bekommt seine reformatorische Pointe (*speisen uns mit seinem Wort*) als Katechismuslied, eingebunden in die gottesdienstliche Andachtsform, in welcher zugleich gelobt und gelernt wird.[4] Wort und Sakrament müssen zusammenkommen.[5] So betrachtet eröffnet sich ein neuer Verwendungszusammenhang exemplarisch als Dankvers nach der Kommunion. Fristet das

[1] Vgl. RößlerL, 104.

[2] Vgl. ThustL II, 381 f; HEKG I/2, 535; HEKG III/2, 499.

[3] HEG III, H. 20, 38–40.

[4] Vgl. RößlerL, 71.

[5] Zum lutherischen Abendmahlsverständnis vgl. z. B. Rochus Leonhardt, Grundinformation Dogmatik, Göttingen [4]2009, 349–354. Vgl. auch BSLK, 707–725 (= Großer Katechismus, 5. Hauptstück) und 64 f, 68 (= CA 10;13).

Lied ein kaum wahrgenommenes Dasein in der gemeindlichen Praxis als Tischgebet, entfaltet es in seiner einstrophigen Form doch elementare Theologie im Dialog mit anderen Abendmahlsliedern, z. B. im Regionalteil des EG für Württemberg mit *Ich bin das Brot, lade euch ein* (Nr. 587) oder intentional verwandt ebenda *Bescher uns, Herr, das täglich Brot* (Nr. 666). Zu denken ist auch an eine Verwendung an gottesdienstlichen Übergängen von liturgischen Feiern zum gemeindlichen Beisammensein, so zum Beispiel als Tischgebet beim Feierabendmahl am Gründonnerstag, als Dankvers beim Agapemahl oder als Inclusio bei der Feier der Osternacht mit Abendmahl und anschließendem Osterfrühstück im Sinne eines Sättigungsmahls. So kann die Gemeinde die sakramentale Stellung des Abendmahls zwischen creatio continua und creatio nova mit allen Sinnen erleben. Durch dieses kurze Tischlied wird die Verbindung zwischen dem „Tisch des Herrn", unseren alltäglichen Tischsituationen und dem eschatologischen Gastmahl hergestellt.

Maximilian-Friedrich Schiek

459 Die Sonn hoch an dem Himmel steht

Text

Verfasser Ambrosius Lobwasser **Entstehung** 1579 **Quellen** (a) *Bewerte Hymni Patrum, und anderer Gottseligen Menner* (Ambrosius Lobwasser), Leipzig 1579, S. 133 (DKL 1579[04]) * (b) [*Gesangbuch: Darinnen 700 Geistliche Lieder*], Görlitz 1611, S. 821 (DKL 1611[06])[1] **Überschrift** (a) *Zu mittag. Im thon/ Christe, der du bist tag und liecht.* * (b) *Zu mittag, im thon: Christe, der du bist tag und liecht* **Ausgaben** (a) W IV,1293; (b) W V,694 (dort ohne Verfasserangabe) **Strophenbau** A8/4a A8/4a A8/4b A8/4b vgl. Frank 4.58 **Abweichungen** (a) 2,3 *Welchs* er uns *jtzund* durch; 3,1 Last *uns wandeln* in; 3,2 im finstern *sicht*; 3,3 *Ohn* das Liecht man *den* hellen; 3,4 von *finster* nacht * (b) 2,3 *Welchs* er uns *jetzund* durch; 3,1 Last *uns wandeln* in; 3,2 im finstern *sicht*; 3,3 *Ohn* das … man *den* hellen; 3,4 von *finster* nacht; nach 3: 4. *Dem himlischen Vater sey ehr* **Verbindung TM** in den Qn ohne N, die Überschriften verweisen auf die Melodie des Hymnus *Christe qui lux es et dies* (Z I, 343/EKG 353), die (a) abgedruckte Melodie unter dem lateinischen Titel ist jedoch eine andere mit dem Text *Christe, dem nichts verborgen ist, der du das helle Taglicht bist* (Nr. 15) * Verbindung TM wie im EG erstmals in: *Ein neues Lied* (Otto Riethmüller), Berlin 1932

Melodie

Incipit 1_12 3543 2_ **Verfasser** Johann Crüger **Quelle** *Newes vollkömliches Gesangbuch/Augsburgischer Confession,* […] (Johann Crüger), Berlin 1640 (DKL 1640[04]) **Ausgaben** Z I,313; B IV,323; PPMEDW I/1, 89; CCC I,35 und II,2; GKM 35 * **Ambitus** G: 8; Z: 55b45 **Abweichungen** Q: kleine Terz höher; Z. 4, N. 6–7: Viertel **Verbindung MT** in der Q *Lob sei dem allerhöchsten (allmächtigen) Gott*

Literatur

HEG II, 66–69.197 f ** ThustB, 385/Nf, 362; ThustL II, 382 f ** RößlerL ([2]2001) 577; PPMEDW I/2, 110 und II/2, 174 f

Von den beiden Mittagsliedern des EG, die keine ausgesprochenen Tischlieder sind, hat es Jochen Kleppers *Der Tag ist seiner Höhe nah* (EG 457)[2] zu einiger Bekanntheit gebracht. Das andere, Ambrosius Lobwassers *Die Sonn hoch an dem Himmel steht*, wartet noch auf seine Entdeckung.

Das klösterliche Mittagsgebet, die Sext, zählt im sog. Officium zu den kleinen Horen und bildet im Tageslauf nicht mehr als ein kurzes Innehalten. Das kompakte Mittagslied Ambrosius Lobwassers fügt sich gut in diese Kürze. Es stammt aus dem 1579 erschienenen

[1] http://www.bibliotekacyfrowa.pl.

[2] S. HEG III, H. 8, 61–67.

Band „Bewerte Hymni Patrum, und anderer Gottseligen Menner …“, für den Lobwasser lateinische Hymnen ins Deutsche übertrug, zahlreiche altkirchliche, aber auch seinerzeit moderne in antikem Geist von Philipp Melanchthon, Georg Fabricius, Joachim Camerarius, Paul Eber, Hermann Bonnus und Hieronymus Weller. Dabei nennt Lobwasser die lateinische Vorlage in der Überschrift jeweils ausdrücklich, meist und bei den zeitgenössischen Hymnen durchweg mit dem Namen des Verfassers. Dann gibt es Übertragungen von Vaterunser, Credo, den Zehn Geboten, Tischgebete, Liedtexte in Hymnenstruktur zu den Tagzeiten, hier u. a. *Die Sonn hoch an dem Himmel steht*, Lieder auf einzelne Wochentage, zu Stationen im Kirchenjahr, zur Bestattung und anderes mehr, allerdings in der Überschrift jeweils nun ohne Angabe irgendeiner Vorlage oder eines Verfassers. Es ist deshalb in diesen Fällen davon auszugehen, dass es der Autor Lobwasser selbst ist, der im Geist der zuvor übertragenen antiken und zeitgenössischen Hymnen weitere eigene Beiträge liefert und sich so selbst unter die „Gottseligen Menner“ einreiht.

Das Görlitzer Gesangbuch von 1611 enthält das Lied ohne Autorenangabe,[3] fügt den drei Lobwasser-Strophen noch eine trinitarische Doxologie an: *Dem Himlischen Vater sey ehr / von nu an vnd fort immermehr / Dem Sohn vnd dem heiligen Geist / gleicher gestalt wird ehr beweist.*

Der Weg des Liedes in das Evangelische Gesangbuch beginnt in der Singbewegung. In teils deutlicher Bearbeitung des Originals haben es Wilhelm Thomas und Konrad Ameln 1927 in der vierstrophigen Fassung des Görlitzer Gesangbuchs von 1611 in ihre Sammlung „Das Morgenlied“ aufgenommen.[4] Mit Otto Riethmüller und Alfred Stier kommt es 1932 in das Liederbuch „Ein neues Lied“,[5] ohne Angabe Lobwassers als Autor, sondern nur mit dem Hinweis „16. Jahrhundert“. Der Liedtext entspricht hier völlig dem dreistrophigen Original Lobwassers, dem nun und gewiss erstmals wie im EG die Melodie *Lob sei dem allerhöchsten Gott* von Johann Crüger zugewiesen wird. Im EG schließlich sind die bei Riethmüller noch originalen und teils ungelenken, voropitzschen Wortstellungen bearbeitet im Sinn eines organischeren Akzentflusses (vgl. HN Abweichungen).

Die 1. Strophe setzt an der äußeren Mittagssituation an – bei der Sonne am höchsten Punkt des Tages. Der *Glanz*, mit dem sie alles ausleuchtet, ist ein vor allem in der Mystik vielverwendeter Begriff,[6] der am biblischen kabod/doxa/Herrlichkeit anknüpft (vgl. Hes 8,2; 10,4; Dan 12,3) und die vordergründig beschreibende Aussage sofort symbolisch auflädt – die Natur und Vorgänge der Natur werden zum Gleichnis. Religion funktioniert überhaupt über Gleichnishaftigkeit, und religiöse Erkenntnis so, dass etwas für etwas anderes stehen kann. Auch *der Herzen Schrein* bewegt sich sprachlich auf

[3] W V,694.

[4] Das Morgenlied. 53 deutsche geistliche Morgenlieder, größtenteils mit eigenen Weisen, aus dem 16., 17. und 18. Jahrhundert. Gesammelt und mit einer Einführung in die Bedeutung und Geschichte der Morgenfeier herausgegeben von Wilhelm Thomas und Konrad Ameln, Augsburg 1927, Nr. 39, 140, mit Autorenangabe in den „Anmerkungen zu den einzelnen Liedern“, 170–178.174.

[5] Ein neues Lied. Ein Liederbuch für die deutsche evangelische Jugend herausgegeben vom Evangelischen Reichsverband weiblicher Jugend, Berlin-Dahlem [1]1932, Nr. 164.

[6] Vgl. das Hauptwerk der Kabbala „Sohar“ = Glanz.

metaphorischer Ebene.[7] Der Schrein ist ein verschließbarer Kasten oder Schrank, der, oft reich verziert, auch für Gebeine Heiliger („Reliquienschrein") oder in Synagogen zur Aufbewahrung der Tora-Rollen verwendet wird („Tora-Schrein" – „Aron haKodesch"). Das Herz als Schrein zu bezeichnen weist darauf, dass der Mensch sich willentlich verschließen oder öffnen kann, sonst hätte die Aufforderung *Lasst uns auftun …* keinen Sinn (vgl. Lk 11,33–36). Licht im Herzen (vgl. 2. Kor 4,6; EG 17,4; 441,5) steht für ein Leben im Glauben mit der Identifikation Christi mit der Sonne, die sich hier schon anbahnt und in der zweiten Strophe klar ausgesprochen wird. Neben den Reimen sorgen die Alliterationen *hoch – Himmel; Welt – weit* für Sprachkraft aus dem Sprachklang.

Die 2. Strophe nennt Christus *die rechte Sonn*. In alttestamentlicher Gepflogenheit, die Gott zur Sonne erklärt (insbesondere Mal 3,20; vgl. Ps 27,1 [s. EG 282,6]; Jes 60,19), wird auch Christus vor allem in johanneischem Kontext als jenes Licht bezeichnet (vgl. Joh 8,12; 9,5; 1. Joh 1,5; Offb 22,5), das Leben schafft. Der dogmatische Topos der creatio continua schließt sich an, unzählige Lieder nehmen das auf (z. B. EG 7,5; 351,13; 400,5; 477,2). Das Licht wird gewendet auf das Wort Christi: Wo es *heute* laut wird, wird es hell, werden Wege deutlich und entsteht Gewissheit, *an allem Ort* meint: wo auch immer. *Sein Wort* hat in reformatorischen Zeiten natürlich auch die Bedeutung der rechten Lehre (vgl. EG 441,2) und signalisiert, dass Klarheit mit Unterscheidungen und, wenn es sein muss, auch mit Abgrenzungen einhergeht. Die Alliterationen *Licht – Leben, leuchten lässt* intensivieren wieder den Ausdruck, ebenso die Assonanzen *ist – Christ – Licht – ist* in der ersten Strophenhälfte.

Die 3. Strophe kommt zum Ziel in der Aufforderung zum *Wandeln in diesem Licht*, eine Formulierung, mit der seit je das Leben nach den Weisungen Gottes in der Tora beschrieben wird (vgl. z. B. Jes 2,5; Joh 12,35; Eph 5,8–9), in deren Raum auch das Liebesgebot Jesu gehört, beispielhaft: *Dein Wort ist meines Fußes Leuchte und ein Licht auf meinem Wege* (Ps 119,105). *Wandeln in diesem Licht* nimmt die Weg-Metapher aus der Tora-Frömmigkeit auf (vgl. Ps 139,12; Jes 58,10) für ein Leben im Glauben (Joh 12,46). Dagegen steht die *finstere Nacht*, mit der man sich den jederzeit möglichen Einbruch des Chaos vor der Erschaffung des Lichts als erstem Schöpfungswerk bewusst hält, d. h. Wege in falscher, bösartiger Orientierung oder Orientierungslosigkeit (Ps 82,5; Jes 29,15; Joh 12,35; 1. Joh 2,9). Licht und Finsternis sind elementare Kategorien zur Beschreibung des religiösen Lebens in Vergewisserung und Tröstung wie in Warnung und Abgrenzung. Die Alliteration *Lasst – Licht* und die Assonanzen *diesem Licht, Finstern sieht* verstärken einmal mehr die Sprachwirkung.

Die schlichte ambrosianische Hymnenstrophe mit ihren vier paargereimten Zeilen à acht Silben im jambischen Vierheber erlaubt mehrere Melodiezuweisungen. Bei Lobwasser ist ursprünglich als „thon" angegeben *Christe, der du bist Tag und Licht* (EKG 353; EG NEK 633). Thomas/Ameln weisen dem Liedtext 1927 die Melodie *Es geht daher des Tages Schein* (EG 439) zu.[8] Die Melodie Crügers, die wie erwähnt erstmals 1932 im Liederbuch „Ein neues Lied" mit Lobwassers Mittagslied kombiniert wird, ist bei Johann

[7] Vgl. *Morgenstern der finstern Nacht* von Johann Scheffler, GL2 372,1.

[8] So auch im Berneuchener Evangelischen Tagzeitenbuch, Ausgabe Kassel ³1967, Nr. 809; im Evangelischen Tagzeitenbuch, Münsterschwarzach/Göttingen ⁴1998 taucht das Lied nicht mehr auf.

Crüger ursprünglich eine neue Melodie zu Michael Weißes Lied *Lob sei dem allmächtigen Gott*[9] und in dieser Verbindung im 17. bis 19. Jh. gut verbreitet.[10]

Crügers Melodie hat klassisches Format. Sie ist schlicht, die Zeilenschlusstöne erzeugen eine moderate Innenspannung der Melodie, abgesehen von der gedehnten Anfangsnote sind die ersten drei Zeilen rhythmisch identisch, am Ende fängt Crüger die in Vierteln verlaufende Bewegung mit zwei halben und einer ganzen Note auf. In der 4. Zeile zeigt sich die Crügersche Kunst der Modulation auf kleinstem Raum (vgl. EG 36; 112; 396; 447). Der Melodiehöhepunkt fällt in Str. 1 und 2 glücklich auf *Glanz* und *Licht*, in Str. 3 verpufft er.

Die Sonn hoch an dem Himmel steht ist ein Lied, das ohne großen Aufwand gelernt werden kann und sich wegen seines unspektakulären Charakters und gleichwohl elementaren Inhalts gut zur Wiederholung, d. h. für regelmäßige und kurze Mittagsgebete in diversen Einrichtungen oder bei Chorfreizeiten eignet.

Bernhard Leube

[9] W III,256. In der Kombination mit der Melodie EG 459 im Evangelisch-Lutherischen Kirchengesangbuch (ELKG) der SELK Nr. 401, so auch für die Neuausgabe vorgesehen. Das Evangelisch-reformierte Gesangbuch hat bei Nr. 70 die Melodie mit vierstimmigem Satz „nach Johann Crüger" für Heinrich Vogels *Das ist mir lieb, dass du mich hörst* (vgl. EG 292).

[10] Vgl. Z I,313.

463 Alle guten Gaben

EG 463 RG 628 KG 521 CG 332 EM 621

Text

Verfasser Theodor Fliedner **Vorlage** Jak 1,17 **Quelle** *Lieder-Buch für Kleinkinder=Schulen und die untern Klassen der Elementar-Schulen mit Melodien, Gebeten, Bibelsprüchen, Denkversen, Spielen, der Methode der Erziehung und des Unterrichts in der Kleinkinderschule, einer Anleitung, solche Schulen zu errichten, und Selbstprüfungs=Fragen für Kleinkinder=Lehrerinnen* (Theodor Fliedner), Kaiserswerth [1842], Anhang S. 127, Nr. 16 **Strophenbau** 6/3a- 6/3a- 5/3x_1 5/3x_2 **Abweichung** 1,1 *gute* **Verbindung TM** in der Q ohne M

Melodie

Incipit 1212 3_2_ **Verfasser** Paul Ernst Ruppel **Entstehung** 1952 **Quelle** *Morgensternlieder. Hundert Lieder und Kanons für Kinder* (Paul Ernst Ruppel, Hg.), Kassel 1955 **Besonderes** Z. 4 dreistimmig **Ambitus** G: 5; Z: 3333 **Abweichungen** keine Taktstriche; Z. 4 die unteren beiden Stimmen in einer Zeile notiert **Verbindung MT** wie EG

Literatur

HEG II, 266–268 ** ThustB, 386/Nf, 363; ThustL II, 386 ** Meyer ([2]1997) 232–235 ** Harz, Frieder: Mit Kindern singen. Zugänge und Anregungen zu Liedern aus dem Evangelischen Gesangbuch, Nürnberg/Bayreuth **1995**, 134

Das Lied geht auf ein kurzes gereimtes Gebet zurück, das aus dem Bereich der diakonischen Anstalten stammt. Dessen erster Teil bezieht sich auf Jakobus 1,17 *Alle gute Gabe und alle vollkommene Gabe kommt von oben herab, von dem Vater des Lichts*. Der Singular „Gabe“ ist mit dem Ziel einer Erweiterung und Verstärkung in den Plural gesetzt worden. Im EG steht das Lied bei „Mittag und das tägliche Brot“. Der Text spricht jedoch nicht ausdrücklich von der Mahlzeit, auch wenn die Speise zu den vielfältigen Gaben zählt, die wir von Gott haben. Bei Theodor Fliedner (1800–1864) in der Diakonissenanstalt Kaiserswerth bei Düsseldorf ist es deshalb nicht unter den Tischgebeten zu finden, sondern unter den allgemeinen Gebeten.[1]

Auch in der 11. Auflage von 1901 ist es noch kein Tischgebet. In den Franckeschen Stiftungen in Halle an der Saale wird es dagegen ausdrücklich als Tischgebet verstanden und eingeordnet unter „Allgemeine Tischgebete in gebundener Rede. Vor der Mahlzeit.“[2]

[1] Theodor Fliedner, Liederbuch 1842, 127.

[2] Franz Knauth (Hg.), Unser täglich Brot gib uns heute! Hülfsbuch für die christliche Andacht vor und nach der Mahlzeit, Langensalza 1858, 198.

Der Oberlehrer an der höheren Töchterschule in Franckes Stiftungen, Franz Knauth, sammelte diese Tischgebete und ließ sie 1858 drucken.

Mehrere Gedanken, die in Tischgebeten häufig vorkommen, fehlen hier, z. B. die Erinnerung an die Herkunft der Speise oder der „konsekratorische Aspekt“[3] einer Segnung der Speise („...und segne, was du uns bescheret hast“). Die inhaltliche Beschränkung hat ihren Grund darin, dass dieses Gebet Fliedners für Kleinkinder bestimmt ist. Deswegen ist der Text bewusst schlicht gehalten. Von seinem Kaiserswerther Pfarrhaus aus hatte Fliedner 1835/36 eine Kleinkinderschule und ein Seminar für Kleinkinderlehrerinnen gegründet. Gleichzeitig entstand durch ihn eine umfassende Pflegediakonie mit entsprechenden Ausbildungsstätten für Frauen. Seine Bemühungen um kindgemäße Gebete und Lieder sind auf dem Hintergrund dieser sozialpädagogischen Arbeit zu verstehen. Sie veranlassten ihn auch, vorhandene Texte zu ändern und zu kürzen oder ganz neue zu dichten.[4]

Der Anfang erinnert an das jüdische Tischgebet (Beracháh), das Gott als den Schöpfer aller Gaben preist. Die kurzen Lobsprüche vor dem Essen beginnen in der jüdischen Gebetspraxis bis heute mit den Worten „Gepriesen seist du JHWH, unser Gott, König der Welt“ und weisen auf das Eigentumsrecht Gottes an den Gaben hin. In 1. Korinther 10,26 wird dieser Gedanke als Zitat aus Psalm 24,1 ausgesprochen: *Die Erde ist des Herrn und was darinnen ist.* „Die Begründung für den Lobspruch vor dem Essen beruht auf der Vorstellung, dass die ganze Welt Gott gehört; wer dessen Lobpreis ausspricht, anerkennt dies und isst dadurch gewissermaßen legal.“[5]

Aus der klösterlichen „Benedictio mensae“, dem kirchlichen Tischgebet, stammt die Zweiteilung in „Benedicite“, das Gebet vor dem Essen, und „Gratias“, das Gebet nach dem Essen. Diese Bezeichnungen verwendet auch Luther in seinem Kleinen Katechismus bei den Tischgebeten. Allerdings ist die Unterscheidung bei privaten Gebeten im Laufe der Zeit nicht mehr konsequent eingehalten worden, und so kann das Lied vor oder nach der Mahlzeit gesungen werden.

Der Dankvers ist in verschiedenen Varianten überliefert. Die EG-Fassung *Dank sei dir dafür* findet sich in Fliedners Original und ist in die Gesangbücher RG, KG, CG und EM übernommen worden. Den Schlussvers in der Fassung *Wir danken dir dafür* enthält das freikirchliche Gesangbuch „Feiern & Loben“, und im Gesangbuch der Siebenten-Tags-Adventisten „glauben, hoffen, singen“ heißt es *Herr, wir danken dir.* Die Fassung Fliedners passt insofern gut zu den vorhergehenden Versen des Gebets, als sie ebenfalls den trochäischen Versfuß verwendet und dadurch eine gewisse Einheitlichkeit herstellt.

Paul Ernst Ruppel berichtet über die Entstehung seiner Melodie zu dem kleinen Lied: Es „entstand auf einer Singwoche, um ein neues gemeinsames Tischlied singen zu können. An Tischliedern hatten wir immer Mangel, denn die vorhandenen Lieder befriedig-

[3] Frieder Schulz, Die Hausgebete Luthers, PTh 72, 1983, 488 f.

[4] Der 1835 bekannt gewordenen Melodie zu *Himmels Au, licht und blau* (EG 507) legte er 1842 den Text unter: *Glöckchen klingt, Vöglein singt, / wie ein jedes kann und weiß./ Kind, auch du, sing dazu / deines lieben Schöpfers Preis* (Liederbuch 1842, Nr. 178).

[5] Guido Fuchs, Mahlkultur – Tischgebet und Tischritual, Regensburg 1998, 35.

ten uns nur zum Teil. Die Melodie entstammt der Kinderliedmelodik und schwingt in einem Dreiklang aus. Sie endet sozusagen in einem Fanfarenruf, der den Dank an Gott unterstreicht."[6] Bei der Redaktion des EG hat man den Noten Taktstriche hinzugefügt, die vom Komponisten nicht vorgesehen waren. Dadurch wurde der frei schwingende Rhythmus in ein Taktschema gepresst und damit verschleiert. Die ersten beiden Zeilen gehen in ihrem Tonumfang nicht über eine Terz hinaus. Das Wort „Dank" steigert sich dann von der Einstimmigkeit zur Dreistimmigkeit und kreist in der Oberstimme um die Quinte. Die Tonschritte sind durchgängig sehr klein. Das Tonmaterial ist äußerst knapp bemessen und erinnert an Pentatonik. Dies und den geringen Ambitus des Liedes meint Ruppel, wenn er von „Kinderliedmelodik" spricht.

Wolfgang Herbst

[6] Meyer, 232.

478 Nun sich der Tag geendet hat

Text

Verfasser Str. 1: Adam Krieger; Str. 2–7.9: Johann Friedrich Hertzog; Str. 8: unbekannter Verfasser **Entstehung** (Str. 1) 1665, (Str. 2–7.9) 1670, (Str. 8) 1693 **Quellen** (a, Str. 1) *Neue ARJEN* (Adam Krieger), Dresden 1667 (DKL 1667[14])[1] * (b, Str. 1–7.9) *Andächtig Singender Christen=Mund*, Wesel/Duißburg/Franckfurt 1692 * (c, Str. 8) *Leipziger Gesang-Buch* (Gottfried Vopelius), Leipzig 1693[2] **Überschrift** (a) *Aria 8. Der Liebe Macht herscht Tag und Nacht.* * (b) *94. Abendlied* * (c) *Ein anders* **Ausgabe** FT IV,204 (dort Johann Friedrich Hertzog zugeschrieben) **Strophenbau** A8/4a A6/3b A8/4a A6/3b vgl. Frank 4.34 ‚Chevy-Chase-Strophe' **Abweichungen** (a) Str. 2–10 weltliches Liebeslied * (b) 1,2 keine *Sonne* mehr; 3,3 und *schencke* mir *genädiglich*; nach 3: 4. *Wend ab des Satans Wüterey*; 7,1 *Darauff* tu ich *mein* Augen; nach 7: 9. *Und also leb*; 9,2 Du *starcker* Zebaoth * (c) 3,3 und *schencke* mir *genädiglich*; 3,4 den *Schirm* von; nach 3: 4. *Wend ab des Satans Wüterey*; EG Str. 6 und 7 sind im Vergleich zur Quelle vertauscht (EG Str. 6 = Qc Str. 8 und EG Str. 7 = Qc Str. 7); 7,1 *Darauff* tu ich *mein* Augen; 9,2 Du *starcker* Zebaoth **Verbindung TM** (a) wie EG (nur Str. 1); (b) o.N. (c) ohne Melodie * *Lobt Gott ihr Christen alle gleich* (EG 27 bei Telemann 1730 als Alternative) * *Herr, der du einst gekommen bist* (N. L. Graf von Zinzendorf; EG HE 586)

Melodie

Incipit 5_ 1_.23b_3b_ 4_.45_ **Verfasser** Adam Krieger **Quellen** (a) *Tim. Ritzschens verteutschte Spanische Ziegeunerin* (Timotheus Ritzsch, Johann Cats, Adam Krieger), [Dresden 1656][3] * (b) s. o. Textquelle (a) **Ausgaben** Z I, 212a; Adam Krieger, Arien, hg. v. Alfred Heuss, in Neuauflage herausgegeben und kritisch revidiert von Hans Joachim Moser, Wiesbaden/Graz 1968 (DDT I, 19), 22 **Ambitus** G: 8; Z: 56b6b4 **Abweichungen** (a) kleine Terz höher; 𝄴, ohne Taktstriche; mit B.c.; Z. 1, N. 2–3 je Viertel; Z. 2, N. 1 Achtelpause und Achtelnote, N. 3 zwei Sechzehntel und Achtel (*e' fis' g'*); Z. 3, N. 2–3 je Viertel, N. 6–7 *d' c'*; Z. 4, N.1 Achtelpause und Achtelnote, N. 5 *dis'* * (b) 𝄵, ohne Taktstriche; mit B.c., Z.1, N. 7 *h'*; Z. 2, N. 3 zwei Sechzehntel und Achtel (*e' fis' g'*); Z. 4, N. 5 *e'* **Verbindung MT** (a) *Jhr schönsten Blumen in der Au* * (b) wie EG * weitere bei Telemann 1730: *Der Tag ist nun vergangen*; *Nun danket all und bringet* [Ehr]; *Nun sich die Nacht* [gewendet hat]

Literatur

HEKG (Nr. 364) I/2, 526 f; II/2, 106; III/2, 477–480; Sb 271.408.553–555.557; HEG II, 150.186 f mit Ergänzungen von Wolfgang Herbst in JLH 38 (1999) 257 f und JLH 40 (2001) 175 ** ThustB, 395 f/Nf, 373; ThustL II, 410–412 ** Koch (^{3}1876/1973) VIII, 200; KLL (1878–1886) II, 128; Nelle (^{3}1924/1962) Nr. 439; RößlerL (^{2}2001) 645 ** Wiora,

[1] Digitalisat: www.slub-dresden.de.

[2] Digitalisat: https://gdz.sub.uni-goettingen.de.

[3] Digitalisat: www.deutsche-digitale-bibliothek.de.

Walter: Das produktive Umsingen deutscher Kirchenliedweisen in der Vielfalt europäischer Stile, JLH 2 (**1956**) 47–63 (bes. 52 f) * NelleG, [4]**1962**, 199 * RösslerB **1976**, 268 * Schott, Christian-Erdmann: Der Glaube an die Führung Gottes im Evangelischen Kirchengesangbuch, JLH 23 (**1979**) 159–170 (bes. 168 f) * Bill, Oswald: Christoph Graupners Choralbuch von 1728 im pietistischen Umfeld. Einflüsse des Gesangbuchs von Eberhard Philipp Züehl auf den Kirchengesang in Hessen-Darmstadt, in: Wolfgang Miersemann/Gudrun Busch, Pietismus und Liedkultur, Tübingen **2002**, 201–226 (bes. 219.222)

Da in diesem Fall die Melodie vor dem Text entstanden ist und damit die Grundlage dieses Liedes darstellt, befassen wir uns zuerst mit ihr. Sie gehört dem Stilbereich des barocken Sololiedes („Aria") an. Dieser solistisch-kammermusikalische Charakter war in der Quelle, die sie erstmals mit unserem Text verbindet, noch etwas deutlicher: Nach den Punktierungen am Schluss der Zeilen 1 und 4 standen nicht Tonwiederholungen wie heute, sondern die typisch barocken Antizipationen des Schlusstons, und in Z. 2 war auf dem dritten Ton eine von der Unterterz anlaufende Verzierungsfigur, die „tierce coulée" eingesetzt.

Der Aufbau ist deutlich zweiteilig. In der ersten Hälfte beginnen beide Zeilen mit demselben Quintfall, in der zweiten Hälfte mit einem Sekundanstieg. Beide Hälften beginnen mit einer Punktierung auf dem ersten Akzent (Z. 1 und 3), und die Schlüsse korrespondieren miteinander als Leitton und Grundton. Das Versmaß (Silbenzahlen 8.6.8.6)[4] führt in der Mitte zu einer Verlängerung der Schlussnote, welche die Zweiteiligkeit verdeutlicht.

Der Zusammenhang zwischen Text und Melodie ist eng, sowohl formal wie affektmäßig. Formal, d. h. bei der Korrespondenz von Textmetrum und Melodierhythmus, fallen die Punktierungen auf. In jeder Zeile ist die drittletzte Silbe, d. h. der zweitletzte Akzent in der betont endenden Zeile, durch eine Punktierung verstärkt, was generell das Gewicht gegen das Zeilenende hin verschiebt. Zusätzlich ist die zweite Silbe und somit die erste Akzentsilbe am Strophenanfang gedehnt, so dass das jambische Metrum sofort klar wird; im zweiteiligen Aufbau erscheint diese Punktierung dann wieder zu Beginn der zweiten Strophenhälfte und etabliert die formale Parallelität beider Hälften.

Der affektmäßige Zusammenhang entsteht über eine offensichtliche Bildlichkeit, in der barocken musikalischen Rhetorik „Hypotyposis" genannt. Der Sonnenuntergang und das Niedersinken der Nacht sind durch Abwärtsbewegungen dargestellt, nämlich durch die beiden fallenden Quinten am Beginn von Z. 1 und 2, durch die absinkenden Spitzentöne der vier Zeilen (*h, h, g, fis*), und durch den Gesamtverlauf der Zeilenumfänge (*e-h, dis-h, h-g, cis-fis*). Auch wenn die Melodie offenbar zuerst mit einem anderen Text begegnet,[5] ist die Übereinstimmung mit dem Abendtext hervorragend, eigentlich hat die Melodie erst damit ihren angemessenen Text gefunden.

[4] Das Strophenmaß ist im englischen Kirchenlied häufig und wurde für die meisten Psalmnachdichtungen im Psalter von Sternhold und Hopkins 1547 ff verwendet. Es wird als „Sternhold's meter", „Chevy Chase meter" oder „Common meter" bezeichnet. Im deutschen Kirchenlied ist es eher selten und begegnet etwa in Paul Gerhardts *Nun danket all und bringet Ehr* (EG 322) und *Ich singe dir mit Herz und Mund* (EG 324).

[5] *Ihr schönsten Blumen in der Au*, Leipzig 1656, vgl. HEKG III/2, 478.

Die klare Struktur und der deutliche Affektausdruck machen die Qualität der Melodie aus. Sie lädt nicht nur zum Singen, sondern auch zur geistlichen Parodierung ein, einem Verfahren, das besonders vom späten 16. bis ins späte 17. Jh. beliebt war.

Der Text in seiner heutigen Form ist übersichtlich aufgebaut. Während die erste Strophe unverändert aus dem weltlichen Lied übernommen ist, beziehen sich danach je zwei Strophen auf inhaltliche Muster („Topoi"), die aus vielen Abendliedern bekannt sind: Schutz, Schuldbekenntnis, Gegenwart Gottes, Sterbegedanken. In den Strophen 2 und 3 geht es um den Topos des göttlichen Schutzes in der Nacht. Licht und Finsternis, als Bilder aus der ersten Strophe übernommen, sind nun als Gegensätze auf das Wesen Gottes bezogen. Gott wacht, wenn wir schlafen, so das Zitat aus Psalm 121.

Die Strophen 4 und 5 formulieren das Schuldbekenntnis und verknüpfen es sogleich mit der Heilsgewissheit in der Rechtfertigung durch Christus.

Die Gegenwart Gottes wird in den Strophen 6 und 7 angesprochen: Der Beter will *nichtige Gedanken* fernhalten und dadurch Raum schaffen für Gott – eine Vorstellung, die später Gerhard Tersteegen in seinem Nachtlied klassisch ausgedrückt hat: *Weg, Phantasie,/ mein Herr und Gott ist hie*[6]. Strophen 8 und 9 nehmen das „memento mori" auf, das immer wieder im Abendgebet erscheint. So gehört ja das „Simeonslied",[7] wenn auch wohl irrtümlich als Sterbelied verstanden, ins klösterliche Nachtgebet, die Complet. Die später eingefügte Str. 8 schließt mit dem *Jammertal* an das Weinen am Schluss von Str. 1 an, wendet sich aber im Ausblick auf die Ewigkeit zur Zuversicht und bezieht diese in der letzten Strophe auch auf das irdische Leben.

Die Einfügung der (anonymen) Str. 8, verbunden mit dem Verzicht auf die ursprüngliche Str. 4, hat zu dem beschriebenen klaren Aufbau geführt. Die gestrichene Strophe lautet:

Wend ab des Satans Wüterey
Durch deiner Engel-Schaar;
So bin ich aller Sorgen frey
Und bringt mir nichts Gefahr.

Daneben sind die Änderungen gegenüber dem Original nur geringfügig und greifen nicht in die Aussage des Textes ein.

Wohl aber hat Johann Friedrich Herzog durch seine Parodierung die Aussage der übernommenen ersten Strophe auf der Affektebene unklar gemacht. In Adam Kriegers weltlichem Lied erscheint die Nacht nämlich als willkommene Trösterin, so wie später dann auch in Matthias Claudius' Abendlied: *als eine stille Kammer,/ wo ihr des Tages*

[6] Gerhard Tersteegen, *Nun schläfet man*, Geistliches Blumengärtlein 1745, EG 480.
[7] Lk 2,29–32.

Jammer / verschlafen und vergessen sollt.[8] Die Fortsetzung beklagt aber, dass dieser Trost der Nacht den Liebeskummer nicht zu stillen vermag. Das Lied trägt den bezeichnenden Titel *Der Liebe Macht herrscht Tag und Nacht.*[9] Die Nacht ist also im Prinzip positiv konnotiert. Wenn Herzog dann mit der Schutzbedürftigkeit des Menschen angesichts der Finsternis fortfährt, erhält die Nacht jedoch eine negative Konnotation und zeigt die Finsternis, die Gott verhasst ist.

In der literarischen Qualität erreicht der Text nicht die Höhen eines Paul Gerhardt oder eines Johann Rist. Das Vokabular ist reichlich konventionell, und mehrfach begegnen verdrehte Satzstellungen, die lediglich dem Metrum geschuldet sind: *weil du bist selbst das Licht* (2,4), *wenn ich muss vors Gericht* (5,2), *wo ihr habt euren Lauf* (6,2), und das *ach* in 4,3 ist ein reines Füllwort, das den Sinn mehr verunklart als verdeutlicht. Auch eine Wortverkürzung wie *g'nug* (4,4) entspricht nicht gerade den opitzschen literarischen Schönheitsidealen.

So wird man wohl behaupten können, dass das Lied sein Überleben der überdurchschnittlichen Melodie verdankt – der Text für sich allein wäre womöglich in Vergessenheit geraten.

Andreas Marti

[8] Matthias Claudius, *Der Mond ist aufgegangen*, EG 482,2.

[9] Adam Krieger: Neue Arien, Dresden 1667, Das erste Zehn, Aria 8. DDT, 19, Leipzig 1905, 22.

485 Du Schöpfer aller Wesen

Text

Verfasser Otto Riethmüller **Entstehung** 1934 **Vorlage** Hymnus *Deus, Creator omnium* (Ambrosius von Mailand, um 386) – W I,10 **Quelle** *Wehr und Waffen. Lieder der kämpfenden Kirche* (Otto Riethmüller), Berlin-Dahlem 1935 **Überschrift** *Wochenschluß* **Ausgabe** Block 1995, 79 f **Strophenbau** A7/3a- A6/3b A7/3a- A6/3b vgl. Frank 4.20 **Abweichungen** nach 1: 2. *Lichthell den Tag du kleidest,* 3. *Und lösest müde Glieder*; nach 5: 8. *Laß unter Lebensbäumen* **Verbindung TM** wie EG

Melodie

Incipit 1_ 5432 1_1_ **Verfasser** Otto Riethmüller **Entstehung** 1934 **Quelle** s. o. Textquelle **Ausgabe** s. o. **Ambitus** G: 7; Z: 5457 **Abweichungen** Grundschlag Halbe; kleine Terz höher; Schlussnote Halbe **Verbindung MT** wie EG

Literatur

HEG II, 22–24.253–255 ** ThustB, 403/Nf, 380; ThustL II, 428–430 ** RößlerL (²2001), 912 f ** Theobald, Dieter: Herr, wir stehen Hand in Hand. Meditationen zu Liedern von Otto Riethmüller: Herr, wir stehen Hand in Hand, Nun gib uns Pilgern aus der Quelle, Du Schöpfer aller Wesen, Stuttgart **1993**, 62–78 * Block, Detlev: Das Lied der Kirche. Gesangbuchautoren des 20. Jh. Arno Pötzsch, Otto Riethmüller, Rudolf Alexander Schröder, Lahr **1995**, 78–80 * Franz, Ansgar: Tageslauf und Heilsgeschichte. Untersuchungen zum literarischen Text und liturgischen Kontext der Tagzeitenhymnen des Ambrosius von Mailand, St. Ottilien **1994**, 37–146 (zum lateinischen Hymnus)

Zu diesem Lied ließ sich der Verfasser von dem Abendhymnus zum Wochenschluss *Deus, creator omnium* des Ambrosius von Mailand (339–397) anregen. Das von Ambrosius entwickelte Hymnusmodell ist der Prototyp des kirchlichen Strophenliedes. Nicht nur Martin Luther (z. B. EG 4), Thomas Müntzer (EG 3) und Erasmus Alber (EG 469) übertrugen antike Hymnentexte; im 20. Jh. taten das Jochen Klepper (EG 453) und eben auch Otto Riethmüller, dessen hymnologische Arbeit zu einem großen Teil darin bestand, alte Gesänge singbar zu machen. Und so knüpft er mit seinem Lied *Du Schöpfer aller Wesen* bei den ambrosianischen Hymnen an. Deren elementare Art ermöglicht ein organisches Singen mit ruhigem Durchatmen in der Mitte (vgl. die Atemzeichen-Markierungen bei EG 3; 92 oder die Pausen in EG 126), ohne dass deren Gestaltzusammenhang verloren geht. Man kann hier etwas von der fast therapeutischen Qualität einer elementaren Singform spüren. Riethmüller schreibt zu seinem Liedtext eine eigene Melodie, die ebenfalls den Geist der alten Hymnen atmet.

Er geht mit der lateinischen Vorlage recht frei um. Zum Beispiel „spreizt" er den achtstrophigen lateinischen Text auf neun deutsche Strophen. Zunächst bleibt er eng am Text, löst sich im weiteren Verlauf aber immer weiter davon, indem er nur einzelne Begriffe der Vorlage aufgreift und sie in ein anderes Licht rückt. Leider wurden von dem neunstrophigen Lied Riethmüllers drei Strophen nicht ins EG übernommen.

Die ersten beiden Riethmüller-Strophen werden durch Zeit-Begriffe geprägt: *Zeit, Woche, Ewigkeit* (2×), *anvertraute Zeit*. Zwischen diesen Strophen stehen im Original zwei der drei gekürzten Strophen:

Lichthell den Tag du kleidest / mit sonnengoldner Pracht./
In Schlafes Garten weidest / du Leib und Seel zur Nacht

und lösest müde Glieder, / den Geist von Gram und Plag,/
und rüstest beide wieder / zum Werk am neuen Tag.

In ihnen finden wir noch weitere Zeit-Begriffe, nämlich *Tag, Nacht, Tag.*

Ein starker und markanter Beginn eines Liedes also, der durch das doppelte *Du* und *aller* in der ersten Strophe noch einen besonders bekenntnishaften Zug bekommt. Nach Anbetung und Lobpreis in den Strophen 1 und 2 erfolgt ein Wechsel, denn die weiteren Strophen 3–6 sind geprägt von Bitten wie *Hilf, dass wir rein dich lieben* oder *sei selber unser Licht* und *lass uns verirren nicht* usw.

Erkennbar spielen die Zeitumstände der 1930er Jahre in das Lied hinein. Man muss vorausschicken: Nach der „Machtergreifung" der Nationalsozialisten im Jahr 1933 versuchte Riethmüller, sich dem System anzupassen. Er schrieb damals unter dem Titel „Deutschlands Erwachen" mit eigens von ihm verfasster Melodie den Liedtext „Über den deutschen Strom", den er in die 2. Auflage (1933) der von ihm selbst herausgegebenen Sammlung „Ein neues Lied" aufnahm. Bis zur 4. Auflage (1937) ist es dort nachweisbar. Darin heißt es in der 3. Strophe: *Arbeit und Freiheit für jeglichen Stand / Kämpferland, Hitlerland / schirm dich Gottes Hand.* Dieses Lied wurde immerhin so populär, dass es in das Liederheft „Frisch gesungen im neuen Deutschland – Vaterlands- und Marschlieder für die deutsche Schuljugend" (7. Auflage 1938) aufgenommen und dort sogar an prominenter Stelle platziert wurde, nämlich als letztes Lied – quasi als Zusammenfassung oder Schlusspunkt.

Aber schon bald muss Riethmüller eine Abkehr von der Begeisterung für den nationalsozialistischen Aufbruch vollzogen haben; anders lassen sich die Formulierungen in Str. 3 seines im Jahr 1934 geschrieben Liedes *Du Schöpfer aller Wesen* nicht erklären: *Dir sind wir ganz verschrieben …* Das dreifache Du – als *Dir, dich, dein* – und das doppelte *rein* bekräftigen die exklusive Hinwendung zu Christus. Und die dann folgende Str. 4 beschreibt eindeutig seine Sicht der politischen Lage: *Wenn jetzt es um uns dunkelt …* und *wenn das Irrlicht funkelt, lass uns verirren nicht.*

Im selben Jahr wie dieses Lied entstand die Barmer Theologische Erklärung. *Lass unsern Glauben bleiben* in Str. 5 muss nicht von ihr inspiriert worden sein, zeigt aber, welche „kollektiven" Gedanken viele Menschen in der Kirche erfassten. Der Verfasser benennt hier nicht mehr die dunklen Umstände, sondern die eigene Schuld.

Im Jahr 1935 gab Riethmüller als Ergänzung zur Sammlung „Ein neues Lied" eine weitere Liedersammlung heraus: „Wehr und Waffen – Lieder einer kämpfenden Kirche". In ihr finden wir sein Lied zum ersten Mal, bevor es später auch in die Sammlung „Ein neues Lied" übernommen wurde. Die fünfte Strophe hat in dieser Erstveröffentlichung ein Ausrufezeichen hinter der Bitte *vergib sie du!* Ein weiteres Ausrufezeichen finden wir hinter dem letzten Satz des Liedes *Der Friede sei mit dir!* Es sind die einzigen so herausgehobenen Sätze. Sie müssen für Riethmüller eine zentrale Bedeutung gehabt haben. In allen späteren Gesangbüchern (Ein neues Lied, EKG, EG) wurden die Ausrufezeichen durch Punkte ersetzt. Dadurch ging etwas von der Pointierung des Originaltextes verloren.

Vor der letzten Strophe fand sich ursprünglich die vielleicht lyrischste und im EG ebenfalls gestrichene Strophe:

Lass unter Lebensbäumen / den Geist im Traum ergehn /
und in den sel'gen Räumen / bei deiner Thronwacht stehn.

Des *Todes Ruh* am Ende von Str. 5 wird hier mit *Lebensbäumen* beantwortet. Die enge Verbindung dieser beiden Strophen geht durch die Kürzung verloren. Und die Verzahnung mit der letzten Strophe durch die Begriffe *Thron* und *Kreuz* schwindet ebenso.

Wenn man einen in sich geschlossenen dichterischen Text kürzt, ist es immer eine Verstümmelung seiner Aussage. Gerade die entfallenen drei Strophen bieten starke Metaphern: Die Tag-Nacht-Symbolik, das Schöpfungsgeheimnis von Ermüdung und Neu-Zurüstung, das Schlafen und Träumen als Vorwegnahme des himmlischen Paradieses, dazu Bilder aus der Schöpfungsgeschichte und Offenbarung (*Lebensbäume, Thronwacht*).

Die letzte Strophe enthält Bitten um Segnung und Begegnung. Bis zur Mitte dieser letzten Strophe war es ein Wir-Lied. Jetzt aber zieht sich der Blick des Autors von der Gruppe (*die Schar, die kniet vor dir*) auf den Einzelnen zusammen (*jedem selbst*), bevor der Text mit einem Friedenswunsch endet. Der erhält mit der Einrahmung durch Anführungszeichen besonderes Gewicht als direkte Rede des gekreuzigten Jesus. Hier löst sich der Autor am weitesten von der Vorlage des Ambrosius, denn dessen Hymnen haben als letzte Strophe immer eine Gloria-Patri-Strophe, in der Vater, Sohn und Heiliger Geist ausdrücklich gepriesen werden. Riethmüller verengt aber den Fokus an dieser Stelle auf den gekreuzigten Christus, dessen *Kreuzeshand* (eine Wortneuschöpfung Riethmüllers) die kniende Schar segnen möge.

Es ist ein Gebetslied, das mit Bekenntnis und Betrachtung beginnt (Str. 1), über eine Meditation bzw. Selbstbetrachtung (Str. 2) in eine Folge von Bitten führt, die in der Bitte um den Segen endet. Dabei korrespondiert das menschliche *Dir* als letztes Wort des Liedes mit dem göttlichen *Du* am Liedbeginn – ein poetischer Kunstgriff, der dem Ganzen eine Klammer gibt.

Die Melodie schrieb der als Dichter und Musiker doppelt begabte Riethmüller selbst. Sie wurde auch nie durch eine andere ersetzt, selbst wenn dies möglich wäre (zum Beispiel durch die Melodien von EG 8, 237, 516, 533). So ist das Lied „aus einem Guss".

Der erste, dritte und vierte Melodieteil gleicht Bögen, die tief beginnen, einen Höhepunkt durchschreiten und wieder tief enden. Dabei steigern sich die Höhepunkte vom Quintton *a'* im ersten Teil über die Sexte *h'* im dritten bis zur Septime *cis''* im vierten

Teil. Auch der Ambitus ändert sich: Ist der Melodieumfang im ersten und dritten Abschnitt jeweils der Raum einer Quinte (*d'–a'* bzw. *h'–e'*), so umspannt die Schlusszeile eine Septime (*cis"–d'*).

Der zweite Melodieabschnitt verhält sich anders. Es ist kein Melodiebogen, sondern eine über den Quartraum *d'–g'* gerade aufsteigende, zielstrebig und energisch anmutende Linie. Kommen die anderen drei Teile der Melodie mit zwei Halben bzw. einer ganzen Note als Schlusston gewissermaßen zur Ruhe, so erweckt die eine Halbe am Ende der zweiten Zeile die Vorstellung eines Hindurchschreitens. Und das geschieht auch mit *die Woche, die gewesen*.

In Strophenliedern kann das Wort-Ton-Verhältnis nicht in allen Strophen gleich gut sein. Die aufsteigende Linie passt besonders sinnfällig zum Text in den Strophen 1 (*du Lenker aller Zeit*), 2 (*das Lied der Ewigkeit* – gewissermaßen als Blick nach oben), 4 (*sei selber unser Licht* – ebenfalls als Blick nach oben). Für die entsprechende Zeile in der letzten Strophe (*die Schar, die kniet vor dir*) hätten Melodisten aus der Renaissance- oder Barockzeit gewiss eine sich abwärts wendende Melodie geschrieben, um nach der damaligen Affektenlehre eine Gemütsbewegung der Demut zu vertonen. Dennoch ist auch hier die aufsteigende Linie plausibel, wenn wir daran denken, dass die kniende Schar zur segnenden Kreuzeshand aufblickt. Allein in den Strophen 3 und 5 scheint dieser Melodieteil nicht so recht zum Text zu passen (*ein bleibend Eigentum* bzw. *Herr Christ, vergib sie du*).

Ein anderer Parameter verleiht der Melodie etwas Schwebendes oder Fließendes. Es sind die Taktarten, die unregelmäßig zwischen 2/2 und 3/2 wechseln. Es gibt auch andere Melodien mit wechselnden Taktarten. Denken wir an die Schlenker-Melodie von EG 254. Dort finden wir ein Grundmuster (3/2 – 3/2 – 2/2 – 3/2), das sich mehrfach wiederholt und der Melodie ein stabiles Gerüst verleiht. Nicht so bei Riethmüllers Melodie. Hier ist kein Grundmuster bei den Taktartwechseln erkennbar. Die Melodie mutet fast gregorianisch an. Jedenfalls kann man sie sich auch in einer ganz taktartlosen Notation wie bei EG 4 oder sogar mit einer metrisch freien Choralnotation wie bei EG 3 vorstellen. Riethmüller greift also nicht nur beim Text auf die Frühzeit kirchlichen Singens zurück, sondern auch bei der musikalischen Gestalt. Der archaischen Wirkung war er sich dabei wohl bewusst. Er konnte mit Worten und Effekten umgehen, hatte er doch in der Berliner Philharmonie oft mit bis zu 500 Mitwirkenden Sprechchorfeiern inszeniert, die aus einer Mischung aus Mysterienspiel und liturgischem Drama Tausende von Zuhörern berührt haben.

Gleichzeitig klingt in dieser Melodie noch etwas anderes an: Melodien des Genfer Psalters (1562) klingen wie eine dahinter liegende Schicht hindurch. Sie bestehen nur aus Halben und Vierteln, denn Calvin wollte mit ihnen eine feierliche Würde erzielen („poids et majesté", wörtlich: Schwere und Erhabenheit). Auch sind sie an den Zeilenenden durch Pausen klar gegliedert. Bei Riethmüller sind es die ruhigen Schlussnoten, die die gleiche Wirkung haben.

Gar nicht nach Genfer Psalter klingt allerdings das große Melisma über *heim*. Die Genfer Melodien waren syllabisch. Ein Melisma hätte der Melodie einen Vorrang vor dem Text zugestanden. Und den gewährt Riethmüller hier. Will er das Wort *heim* besonders auszeichnen? Als Hervorhebung bestimmter Wörter eignet sich das Melisma eigentlich nur bei den Strophen 5 und 6 (*deines* und *Friede*). Bei den ersten beiden Strophen ist nur eine klangliche Wirkung vorhanden: Bei *heim* und bei *an(*-vertraute) erklingt das Melisma auf dem Phonem *a*. Das trifft auch bei *dei*(-nes) in der vorletzten Strophe zu. Aber weder in der dritten noch in der vierten Strophe erschließt sich uns ein Zusammenhang zwischen *künden* bzw. *uns* und der Melodie. Sehen wir das Melisma aber als Gegenschwerpunkt zum Quintsprung am Beginn der Melodie, die sich sonst nur in Sekundschritten bewegt, so fällt auch der Dreiklang *cis"-a'-fis'* am Ende des Melismas nicht mehr aus dem Rahmen, sondern erscheint plötzlich plausibel. Das Melisma wirkt wie eine Tonfolge, die man in den Himmel wirft und die von dort zurückfällt. Die letzten beiden Takte fangen diesen Schwung wieder auf, bremsen ihn ab und kehren zum tiefsten Ton der Melodie zurück, mit der die nächste Strophe wieder beginnen kann.

Thomas Schmidt

494 In Gottes Namen fang ich an

Text

Verfasser Salomo Liscow **Entstehung** (vor 1672) **Quellen** (a) *Jesus Der treuste Gefehrte zu Wasser und Land* (Salomon Liscow), Leipzig 1674[1], S. 46 * (b) *Christlichen Frauen=Zimmers Geistlicher Tugend=Spiegel*, Leipzig 1675 (Vorrede 1672)[2] **Überschrift** (a) *Beruffs- und Arbeit-Lied. Im Thon: Ach lieben Christen seyd getrost.* * (b) *Trost= und Bitt=Lied. Bey täglicher Beruffs=Arbeit zu singen. Mel. Aus tieffer Noth schrey ich etc.* **Ausgabe** FT IV,150 **Strophenbau** A8/4a A7/3b-, A8/4a A7/3b-, A8/4c A8/4c A7/3x- vgl. Frank 7.7 **Abweichungen** (a) 2,5 *Daß uns ein reicher Zug entsteht*; 2,6 *Und dergestalt zur Nahrung geht*; 2,7 *Daß wir Vergnügung haben*; 3,3 Der wird *gar leichtlich* reich; 3,4 durch *GOttes* milden; 3,5 Fromme *voll* und; nach 3: 4. *GOTT ist der frommen Schild und Lohn*; 7,6 zu *seiner* Zeit * (b) 2,2 Gutes *zuverbringen; 2,5 daß uns ein reicher Zug entsteht*; 2,6 *und dergestalt zur Nahrung geht*; 2,7 *daß wir Vergnügung haben*; 3,3 Der wird *gar leichtlich* reich; 3,4 durch *GOttes* milden; 3,5 Fromme *voll* und; nach 3: 4. *GOTT ist der frommen Schild und Lohn*; 5,5 *Ach* daß **Verbindung TM** (a) ohne N, zum in der Überschrift genannten Text gab es verschiedene Melodien: Z III, 4443 (Calvisius 1597; DKL III Abschließender Kommentarbd. Ek23,b), DKL III/Abschließender Kommentarbd. Ee11,f (Eisleben 1598); Z III,4429b (Kassel 1601), Z III,4521 (Schott 1603), DKL III/4, Ee7C,b und H145 (Vulpius 1609), Z III,4451 (Gotha 1648) * (b) ohne N, der in der Überschrift genannte Text hatte von Beginn an die zwei bei EG 299 abgedruckten Melodien, im „Neu Leipziger Gesangbuch“ (Gottfried Vopelius), 1682 stand die erste * weitere: *Es ist gewißlich an der Zeit* (Melodieangabe in: Evangelisch-lutherisches Gesangbuch der Hannoverschen Landeskirche, Hannover 1883)

Melodie

s. *Sei Lob und Ehr dem höchsten Gut* (EG 326)

Literatur

HEKG (Nr. 385) I/2, 545 f; III/2, 522–524; Sb, 572 f; HEG II, 197 ** ThustB, 407/Nf, 385; ThustL II, 444 f ** KLL (1878–1886) I, 413; Nelle ([3]1924/1962) Nr. 417; RößlerL ([2]2001) 645 ** Sauer-Geppert **1984**, 21 f

Salomon Liscovius (Liskow/Lischkow) war ein bereits zu Lebzeiten anerkannter produktiver Dichter. Das Verzeichnis der Drucke des 17. Jh. führt insgesamt 14 Titel unter seinem Namen, teilweise in mehreren Auflagen. Entsprechend seiner Tätigkeit als Pfarrer lag der Schwerpunkt seiner Publikationen im Bereich geistlich-erbaulicher Literatur. In diesem Rahmen erschien auch kurz hintereinander in zwei verschiedenen Veröffent-

[1] Digitalisat: http://diglib.hab.de/wdb.
[2] Digitalisat: https://www.deutsche-digitale-bibliothek.de.

lichungen das Lied *In Gottes Namen fang ich an*. Zunächst in „Jesus Der treuste Gefehrte zu Wasser und Land", Leipzig 1674, erfolgte seine eigentliche Verbreitung jedoch durch den zweiten ungemein erfolgreichen Titel „Christlichen Frauen Zimmers Geistlicher Tugend=Spiegel", Leipzig 1675, der bis 1740 vier weitere Auflagen erlebte. Der Elbinger Kantor Gottfried Döring merkt in seiner „Choralkunde in drei Büchern", Danzig 1865 an, neun „[...] seiner meist recht werthvollen und 1672 [Döring orientiert sich am Datum der Vorrede] in seinem ‚Tugendspiegel' zuerst erschienenen Lieder [seien] ziemlich weit verbreitet" (S. 253), und nennt darunter auch *In Gottes Namen fang ich an*. Für Liskows Qualität als Dichter spricht die Bemerkung zu seinem Lied *Mein frommer Gott, nun will ich dich von gantzem Hertzen loben, dieweil du mich so väterlich gesegnet hast* in Johann Martin Schamelius' großem Lieder=Commentarius, Andrer Theil, Leipzig 1737: „Wird Paul Gerharden fälschlich zugeschrieben" (Nr. 34, S. 23).

Tatsächlich wurden Lieder Liskows in verschiedene Gesangbuchausgaben übernommen[3]. Allerdings fand gerade *In Gottes Namen fang ich an* nur selten Aufnahme.[4] Immerhin weichen die Texte dieser Ausgaben nur in wenigen, theologisch-inhaltlich nicht relevanten Fällen vom Text des Originals ab. Zu einer massiven Umarbeitung kam es im Zuge der aufgeklärten Gesangbuchrevision im Fürstentum Braunschweig-Wolfenbüttel. Diese Fassung wurde in das „Neue Braunschweigische Gesangbuch" von 1780 aufgenommen. Dabei erfolgte die konsequente Tilgung aller christologischen Bezüge bzw. aller Aspekte von Jesus-Frömmigkeit. Das entspricht der aufgeklärten Präferenz eines deistischen Gottesverständnisses. Autor dieser Umdichtung war der zweite Pfarrer an der Braunschweiger Brüdernkirche Johann Ludwig Paulmann (1728–1807).[5]

Größere Verbreitung fand das Lied erst, und zwar in den weitaus meisten Fällen in der originalen Textfassung, in Gesangbuchausgaben des 19. Jh. Am Beginn dieser Entwicklung steht das „Vermehrte Kirchen= und Haus=Gesangbuch, für das Königlich Schwedische Herzogthum Pommern und Fürstenthum Rügen", Stralsund 1804. Auffallend ist dann, dass die Rezeption sich auf Preußen konzentrierte und damit seit 1817 vornehmlich im konfessionell unierten Bereich stattfand, auch wenn die Gemeinden meistens lutherisch geprägt waren. In den rein lutherischen Territorien erfolgte sie erst von den letzten beiden Jahrzehnten des 19. Jh. an. Die zeitliche Spanne reicht dabei von Sachsen 1883 bis Bayern 1933. Damit war das Lied in der Fläche der evangelischen Landeskirchentümer so präsent, dass es 1953 den Sprung ins EKG schaffte. Hier stand es in

[3] So schon in Das Nürnbergische Gesang=Buch von 1676. Die weitere Rezeption streut dann quer durch den (protestantischen) deutschen Sprachraum mit dem Hamburgischen Gesangbuch 1684, dem Coburg-Meiningischen Gesangbuch 1705, dem Stuttgardischen Gesangbuch ebenfalls 1705, dem Nassau-Idsteinischen Gesangbuch 1715 und dem genannten großen Lieder-Commentarius des Naumburger Oberpfarrers Schamelius.

[4] So in das „Neuvermehrt=Langensaltzaische Gesangbuch" 1719, in Gottlieb Wernsdorffs „Neu=Vermehrtes Wittenbergisches Gesang=Buch", Wittenberg 1720, Johann Crügers „Praxis pietetis melica" 1729 und in Johann Jacob Gottschalds „Theologia in Hymnis Oder: Universal=Gesangbuch", Leipzig 1737.

[5] Die aufgeklärte, deistische Textvariante findet sich in ausgesprochen wenigen Gesangbüchern, so im Arnstädtischen Gesangbuch, Arnstadt 1811 und 1824, im Königsberger Gesangbuch, 1830 und im Gesangbuch für die Evangelische Kirche im Großherzogtum Hessen-Darmstadt 1858.

der Rubrik „In Arbeit und Beruf". Im EG eröffnet es jetzt diese begrifflich zu „Arbeit" verkürzte Rubrik.

Schon bei Liskow selbst war das Lied 1674 unter der Rubrizierung „Beruffs- und Arbeit-Lied" erschienen. Es ist im Gesamtkontext seiner sieben Strophen der protestantischen Pflicht- und Arbeitsethik zuzuordnen, die sich neben der Bibel aus dem klösterlichen Grundsatz des „ora et labora" speist. Luther und mit ihm viele weitere Reformatoren, die aus dem monastischen Stand kamen, konvertierten diesen Grundsatz aus dem Kloster in den neuen Frömmigkeitshabitus des evangelischen Hausstands. Luther heiligt den bürgerlichen Alltag. 1534 äußert er in einer Predigt: „Siehe zuvor, dass du an Christus glaubst und getauft bist. Danach sieh auf deinen Beruf: Ich bin berufen zum Predigen, wenn ich predige, tue ich ein heiliges Werk, das Gott gefällt. Bist du Vater, Mutter: glaube an Jesus Christus, so bist du ein heiliger Vater, Mutter. Prüfe am Morgen deine Kinder. Lass sie beten, strafe, züchtige sie. Siehe, wie es im Hause zugehe, wie man kocht, sind eitel heilige Werke, denn du bist dazu berufen. Das heißt ein heilig Leben, das in Gottes Wort und in der Berufung einher geht" (WA 37, 480,2–8, Predigt am 5. Sonntag nach Trinitatis, 5. Juli 1534).

Derselbe Duktus spiegelt sich in der Eingangsstrophe, nur nicht in christologischem Bezugsrahmen, sondern auf Gott Vater ausgerichtet: *In Gottes Namen fang ich an, was mir zu tun gebühret.* Das „Ora": *In Gottes Namen*, steht vor dem „Labora": *was mir zu tun gebühret.* Eine Wendung, die so bereits in der zweiten Strophe von Johann Heermanns Lied *O Gott, du frommer Gott* von 1630 erscheint (EG 495,2) und hier ausdrücklich spezifiziert wird: *wozu mich dein Befehl in meinem Stande führet.* Während Heermann aber in den Strophen 3 bis 7 seines Liedes konkrete Lebenssituationen thematisiert, bleibt Liskow durchgehend auf einer sehr allgemeinen Betrachtungsebene. Der leitende Hauptgedanke, den die erste Strophe bereits voll entfaltet, ist dabei die Verheißung des göttlichen Segens in allem Tun für den, der sich an Gott zurückbindet, in der Sprache der Tradition: für den Frommen. Der „Fromme" taucht dann auch in Strophe 3 in diesem Sinne auf. Die Fülle dieses Segens wird in einer Reihe attributiver Wendungen beschrieben: *glücklich ausgeführet / allenthalben recht und gut / kann uns auch gedeihen.*

Die zweite Strophe verweist darauf, dass Gottes Segen nicht aus menschlicher Kraft erlangt werden kann, sondern, parallel zur Grundstruktur der Rechtfertigungslehre, die Voraussetzung von Gott geschaffen werden muss: *Gott ist's, der das Vermögen schafft,/ was Gutes zu vollbringen.* Gottes Segen steht also nicht erst am Ende menschlichen Tuns, sondern geht diesem voraus. Entsprechend schließt sich die Begriffsreihung, *er gibt uns Segen, Mut und Kraft* an, die das Werk gelingen lässt. Der zweite Teil dieser Strophe ist auch im EG durch den Verweis auf Lukas 5,4–7 als Anspielung auf eine biblische Perikope gekennzeichnet. *Ist er mit uns und sein Gedeihn,/ so muss der Zug gesegnet sein,/ dass wir die Fülle haben* spielt auf den „Fischzug des Petrus" an. Diese Verbindung ist heute nur noch durch eben jene Überschrift im Text der Lutherbibel bemerkbar. Zu Liskows Zeit war es ein direkter Textbezug, denn der Vers 4 lautet in der Ausgabe des Luthertextes letzter Hand, 1544: *VND als er hatte auffgehört zu reden / sprach er zu Simon / Fare auff die höhe / vnd werffet ewre netze aus / das jr einen zug thut* (Biblia, Das ist die gantze Heilige Schrifft: deudsch auffs new zugericht, Wittenberg 1545). In der Literatur wird darauf verwiesen, dass diese Perikope in der lutherischen Orthodoxie verwendet wurde, um „auf die Pflichten in Arbeit und Beruf hinzuweisen sowie – bei Glaubensgehorsam – auf die reichliche Belohnung“ (ThustL II, 444). Das Lied weist natürlich noch eine Fülle weiterer sprachlicher Anspielungen auf den Bibeltext auf.[6] Allerdings muss man davon ausgehen, dass nicht alle diese Bezüge von Liskow bewusst eingesetzt wurden, denn Lutheraner des 17. Jh., insbesondere die Pfarrer, hatten den Text der Lutherbibel über ihre Bildungssozialisation internalisiert.

In Strophe 3 wird das menschliche Handeln mit dem vorlaufenden göttlichen Segen der zweiten Strophe synchronisiert, wenn es heißt: *Wer erst nach Gottes Reiche tracht* (Mt 6,33). Für den, der darin beständig ist: *und bleibt auf seinen* [Gottes] *Wegen*, wird die Segensverheißung der ersten beiden Strophen jetzt über den Horizont der eigenen Existenz hinaus erweitert: *Da wird der Fromme froh und satt,/ dass er von seiner Arbeit hat / auch Armen Brot zu geben.* Die mit der „Ordnung des gemeinen Kastens zu Leisnig“ 1523 begründete angewandte lutherische Sozialethik machte die Versorgung von Armen und Bedürftigen zur institutionellen Aufgabe der Gemeinde. Die konnte aber nur dann erfüllt werden, wenn jedes Gemeindeglied bereit war, dazu beizutragen. Das war in den Anfangsjahren der Reformation ein schwieriger Lernprozess, der dazu führte, dass die Werke als Früchte des Glaubens eine besondere Betonung erfuhren. Auch Lieder konnten hier als Medium fungieren, um den Gläubigen diesen Zusammenhang und ihre ganz individuelle Verantwortung vor Augen zu führen[7].

Die ursprüngliche Strophe 4 wurde bei der Gesangbuchreform vom EKG zum EG 1993 eliminiert:

Gott ist der Frommen Schild und Lohn,
er krönet sie mit Gnaden,
der bösen Welt ihr Spott und Hohn
kann ihnen gar nicht schaden,
er decket sie mit seiner Hand,
und segnet ihre Stadt und Land,
er füllet sie mit Freuden.

Das Schicksal eines solchen Eingriffs teilt das Lied mit vielen anderen aus dem älteren Bestand. Die Strophe basiert auf dem augustinischen Grundmuster von Civitas Dei, der Bürgerschaft Gottes, und Civitas terrena, der irdischen Bürgerschaft. Dieser Dualismus, der die Gottesfeindlichkeit der gefallenen Schöpfung als der bösen Welt betont, erfuhr eine erste Aufweichung durch den Pietismus. Der hielt diese Welt seit Speners „Pia Desideria“, die 1675 fast zeitgleich mit unserem Lied erschienen, im Gegensatz zu Luthers eschatologischem Denken und dem der lutherischen Orthodoxie für verbesserbar. Erst recht taten das die aufklärungsaffinen Neologen ab der Mitte des 18. Jh. Bis heute

[6] Vgl. HEKG Sb, 545 f sowie ThustL II, 444 f, dort intensiv zur Kommentierung herangezogen.

[7] In klassischer Form ist dafür Nikolaus Hermans *Ein wahrer Glaube Gotts Zorn stillt* (EG 413) von 1560 mit dem Skopus in Str. 2 zu nennen: *Christus sie selbst das Zeichen nennt,/ daran man seine Jünger kennt;/ in niemands Herz man sehen kann,/ an Werken wird erkannt ein Mann.* Liskows dritte Strophe steht in dieser Linie. Wobei er nicht der appellativen Intention, wie sie Hermanns Sprache ausdrückt, folgt, sondern den Zusammenhang, dass ein gesegneter Frommer seinen Arbeitserfolg mit Armen teilt, als selbstverständlichste Sache der Welt formuliert. Vgl. HEG III, H. 20, 69–76.

tut sich die kirchliche Verkündigung schwer mit der spannungsvollen Zumutung der Gleichzeitigkeit von Gottes guter Schöpfung und dem Theologumenon, dass diese Welt von Gott abgefallen ist. Liskows Zumutung an die Rezipienten seines Liedes ist eine andere, indem er entgegen der schlichten Lebenserfahrung den Eindruck vermittelt, dem Frommen, der hier wieder wörtlich erscheint, könne nichts geschehen. Dazu ruft er das Bild von Gott als *Schild* (Psalm 7,11) auf, der den Schutz des Gerechten vor den Gottlosen erhofft. In seinem thematisch verwandten Lied *O Gott, du frommer Gott* (EG 495) geht Johann Heermann in den Strophen 4 bis 6 sehr viel differenzierter mit der Problematik um, dass auch der Glaubende in schwierige Lebensumstände geraten bzw. sich sogar selbst hineinmanövrieren kann.

Die gegenwärtige Strophe 4 stellt insofern einen Schnitt dar, als die lyrische Kommunikation wechselt. War das Reden in den Strophen 1 bis 3 und der ursprünglichen Strophe 4 das Reden eines wechselnden lyrischen Subjekts – 1. Strophe: *ich*, 2. Strophe: *wir*, 3. und 4. Strophe: *man*, so bilden die jetzigen Strophen 4 bis 6 eine klare kommunikative Einheit. Das lyrische Ich spricht Jesus als Helfer an. Damit bewegt sich Liskow, wie in Str. 2 schon angedeutet, im Duktus der lutherischen Rechtfertigungslehre. Ohne den in Str. 6 abschließend als *Heiland* bezeichneten Jesus kann der Glaubende nicht beständig auf den Segen Gottes hin ausgerichtet bleiben. Der Heiland ist das Bindeglied zwischen dem Glaubenden und Gott Vater aus den ersten vier bzw. jetzt drei Strophen. Gottes Unterstützung und Gnade im eigenen Tun sind konkret erfahrbar als Unterstützung – *Herr Jesu, stärke mich* – und Gnade – *lass du mit deiner Gnade dich / bei meiner Arbeit merken* – des Heilands Jesus. Folgerichtig ist Gottes Segen Jesu Segen: *ererbe deinen Segen*.

Soll die Stärkung durch Jesus in Str. 4 eine motivierende Wirkung haben, so erbittet der Autor bzw. der Sänger in Str. 5 Jesu Hilfe als Gabe der Beständigkeit. Nach der Eliminierung der ursprünglichen Str. 4 ist die Formulierung *den Müßiggang zu meiden* die einzige ethisch negativ konnotierte im gesamten Text. „Müßiggang" ist in der Erbauungsliteratur das ethische Gegenteil von „Fleiß". Es genügte, einen der beiden Begriffe zu erwähnen, um den anderen mitzudenken. So ist die Str. 2 in Heermanns *O Gott, du frommer Gott*, in der nur das Wort *Fleiß* verwendet wird, ein einziges Manifest gegen den Müßiggang. Hier bei Liskow ist die Str. 5 in der umgekehrten Rhetorik eine einzige Bitte, im Fleiß beständig zu bleiben. Dieser Fleiß wird dreifach entfaltet als Fleiß im Schaffen (Werk), Fleiß im Gehorsam (Glaube) und Fleiß in der Liebe (*meinen Nächsten*), wobei die Nächstenliebe als Frucht des tätigen Glaubens (Glaube und Werke sind so untrennbar miteinander verbunden wie das Brennen und Leuchten mit dem Feuer; Luther: Vorrede auf die Epistel S. Pauli an die Römer, WADB 7, 11,16–23) in einem besonderen Zusammenhang zum Gehorsam gegenüber dem Gebot besteht. Diese dreifache Entfaltung wiederum rekapituliert die Strophen 1 bis 3. Strophe 1: Fleiß im Tun (Werk), Strophe 2: Fleiß im Gehorsam (Glaube), denn genau das erforderte das Ansinnen Jesu an Petrus, nach einer erfolglosen Nacht noch einmal hinauszufahren, wenn Petrus spricht: *Meister wir haben die ganze Nacht gearbeitet und nichts gefangen; aber auf dein Wort will ich die Netze auswerfen* (Lk 5,5). Strophe 3: Fleiß in der Liebe (der Arme als Nächster).

Strophe 6 bündelt die Strophen 4 und 5, indem sie eingangs das Kommen und das Bleiben wieder aufgreift: *Nun, Jesu, komm und bleib bei mir*. Auch hier erfolgt wieder der Übergang von Gott Vater: *In Gottes Namen fang ich an*, zu Jesus: *Die Werke meiner*

Hände / befehl ich, liebster Heiland, dir. Diese Übergabe beinhaltet auch, dass ihre Vollendung *zu deines* [Jesu] *Namens Herrlichkeit* geschehe. Der Verfasser weist mit diesem christologisch gewendeten „Soli Deo Gloria“ weg von sich, ohne sich aufzugeben, denn die letzte Zeile gehört ihm bzw. dem Ich des jeweiligen Sängers: *und gib, dass ich zur Abendzeit erwünschten Lohn empfange.* Thust II, 444 ff weist darauf hin, dass diese Zeile auf das Gleichnis von den Arbeitern im Weinberg Matthäus 20,8 anspielt. Im Original lautet diese Zeile: *und gib, dass ich zu seiner Zeit erwünschten Lohn empfange.* Das lässt sich dann nicht mehr so unmittelbar auf das Gleichnis deuten.

Insgesamt scheint das Lied durch seine letzten drei Strophen theologisch auch einer anderen neutestamentlichen Bildrede nahe zu stehen. Ohne dass eine direkte Anspielung vorliegt, entspricht sein Gesamtduktus Jesu Rede „Vom wahren Weinstock“ Johannes 15,5b: *Wer in mir bleibt und ich in ihm, der bringt viel Frucht; denn ohne mich könnt ihr nichts tun.* Dem entspricht theologisch auch das innere Reflexionsgefälle der sieben Strophen, das in der ersten Strophe bei Gott einsetzt, über die Strophe 4 (Orig. Str. 5), also von der Mitte an auf Jesus Christus übergeht und in der letzten Strophe beim menschlichen Ich und seinem eschatologischen Horizont endet.

ANDREAS LINDNER

526 Jesus, meine Zuversicht

EG 526 (ö) RG 478 (ö) CG 768 EM 651

Text

Verfasser Otto von Schwerin (?) **Entstehung** (1644) 1653 **Quellen** (a) verlorener Einzeldruck von 1644 (nach EB III,2169, Fornaçon 1977, 110) * (b) *Praxis pietatis melica … Editio V,* Berlin 1653 (DKL 1653[04]) * (c) [*D. M. Luthers Vnd anderer vornehmen… Männer Geistlicher Lieder* (Christoph Runge), Berlin 1653 (DKL 1653[01])] **Überschrift** (b) *175.* * (c: Kolumnentitel nach FT) *Von der Auferstehung JEsu Christi* **Ausgaben** FT V,648; PPMEDW I/1, 202; CCC II, 170 **Strophenbau** 7/4a 8/4b-, 7/4a, 8/4b-, 7/4c 7/4c vgl. Frank 6.23 **Abweichungen** (b) 1,3 *sol* ich; 2,4 *dann* grauen; 2,6 nach sich zieht [mit Punkt statt Fragezeichen]; 3,4 in *ihm* gelegt; nach 4: 5. *Dann wird eben diese Haut*; 6,5 *Hier geh ich natürlich ein*; 6,6 *Nachmals werd ich geistlich sein*; 7,2 *meine* Glieder; 7,5 *Wann* die *letzte trompt*; nach 7: 9. *Lacht der finstern erdenlufft*; 10. *Nur daß ihr den geist erhebt* * (c: nach FT) nach 4: 5. *Denn wird eben diese haut*; 7,5 *letzte trompt* erklingt; nach 7: *9. Lacht der finstern erden kluft; 10. Nur daß ihr den Geist erhebt* * RG: Str. 1.2.6.7. und Str. 10 der Q: *Nur dass ihr den Geist erhebt* * CG: nur Str. 1.2.6.7 **Verbindung TM** wie EG

Melodie

Incipit 5__3__6_7_ 8_.87__ (spätere Form:) 5367 887_ **Quellen** s. o. **Ausgaben** Z II,3432b; B III,235; PPMEDW I/1, 202; CCC II, Nr. 170 **Ambitus** G: 10; Z: 68(68)44 **Abweichungen** (a): 2st. Satz (Melodie, Generalbass); ¢; Zeilentrennstriche; Ton höher; Z. 6 vorletzter Ton *b'*; Schlusston *longa* * RG: spätere Form mit 4st. Satz (nach Johann Crüger 1653 und GB 1941); ¢; Ton höher * CG: spätere Form; ¢ * EM 651: mit 4st. Satz (nach Johann Crüger 1653); keine Taktvorzeichnung (spätere Form mit 4st. Satz bei EM 649) **Verbindung MT** *Herr, du hast mich angerührt* (RG 733) * *Jesus lebt, mit ihm auch ich* (EG 115/EKG 89/ RG 482/EM 649) * *Jesus nimmt die Sünder an* (RG 660) * *Himmelan geht unsre Bahn* (EKG-Regionalteil Pfalz 481)

Literatur

HEKG (Nr. 330) I/2, 487 f; III/2, 386–389; Sb 516–518; HEG II, 195–197 ** ThustB, 432 f/Nf, 408 f; ThustL II, 518–521 ** RößlerL ([2]2001) 151.461.708.748; PPMEDW (2014 ff) I/2, 202* ** Neubacher, Klaus: Lieder des evangelischen Religionsunterrichts, Ansbach **1968**, 34 f * Fornaçon, Siegfried: „Jesus meine Zuversicht“, MGD 31 (**1977**) 109–120 * Scheffbuch, Beate und Winrich: Dennoch fröhlich singen. So entstanden bekannte Lieder (Bd. 2), Holzgerlingen [2]**2001**, 278 f * Lorbeer, Lukas: Die Sterbe- und Ewigkeitslieder in deutschen lutherischen Gesangbüchern des 17. Jahrhunderts, Göttingen 2012, u. a. 165; 331–334 (commendatio animae); vgl. a. 487 f (Elias Himmelfahrt)

Ich weiß, dass mein Erlöser lebt: Die Worte Hiobs sind in der lutherischen Frömmigkeit des 16. und 17. Jh. zu einer Art Parole christlicher Auferstehungshoffnung geworden.[1] Auch der Textdichter des Liedes EG 526 legt sie in diesem Sinne seiner Betrachtung zugrunde und hat ihnen damit zu weiterer Wirkung verholfen.

Nicht mehr nachweisbar ist der Erstdruck des Liedes von 1644; die ältesten erhaltenen Textbelege sind zwei Berliner Drucke von 1653, Christoph Runges „Geistliche Lieder“ und die 5. Auflage von Johann Crügers „Praxis pietatis melica“. Als Autorin galt lange die Kurfürstin Luise Henriette von Brandenburg. Die Autorangabe im EG bezieht sich auf Otto von Schwerin (1616–1679).[2] Diese Zuschreibung geht auf Siegfried Fornaçon zurück,[3] ist aber letztlich eine nicht belegbare Hypothese.

Der Autor setzt den Bibeltext auf eigenständige Weise um, paraphrasiert ihn weit ausholend und rhetorisch geschliffen – aber so, dass in den neuen Worten die älteren durchscheinen. In ihrem vollen Umfang lautet die Textstelle (Hiob 19,25–27a) nach Luthers Übersetzung von 1545: *Ich weiß, dass mein Erlöser lebet, und er wird mich hernach aus der Erden aufwecken. Und werde danach mit dieser meiner Haut umgeben werden und werde in meinem Fleisch Gott sehen. Denselben werde ich mir sehen, und meine Augen werden ihn schauen und kein Fremder.* Die Sätze stammen aus Hiobs zweiter Gegenrede an seine Freunde; sie drücken ursprünglich die Hoffnung auf eine Wiederherstellung der gestörten Gottesbeziehung noch in diesem Leben aus, nicht auf Auferstehung. Im letzteren Sinne wurden die Verse schon in der Vulgata umgedeutet; Luther schließt sich dem mit seiner Übersetzung an.[4]

Zehn Strophen hatte das Lied ursprünglich; im EKG sind es neun, im EG noch sieben. Die durchgehende Paraphrase des Hiob-Textes und die Symmetrie der Gliederung gehen dabei verloren.

Drei Abschnitte lassen sich ausmachen: Der erste (Str. 1–3) expliziert den österlich verstandenen Satz *Ich weiß, dass mein Erlöser lebt* (Hiob 19,25a). Der zentrale zweite Abschnitt (Str. 4–6 bzw. Str. 4–7 der Urfassung) blickt voraus auf die erwartete leibliche Auferstehung (Hiob 19,25b–27a). Ein dritter, paränetisch gefärbter Abschnitt (Str. 7 bzw. Str. 8–10 der Urfassung) fordert zur persönlichen Aneignung auf.

Der erste Abschnitt (Str. 1–3) ist durch präsentische Aussagen bestimmt, die dem Satz *Ich weiß, dass mein Erlöser lebt* entsprechen. Indem nicht das Ich, sondern der Erlöser am Anfang steht, wird dessen Person hervorgehoben; nebenbei wird der geläufige Bibeltext auf elegante Weise ‚unkenntlich‘ gemacht. Hiobs Rede vom *Erlöser* wird ohne weiteres durch den Namen *Jesus* ersetzt, der im Folgenden als *meine Zuversicht*, *mein Heiland* (Str. 1,2; 2,1; 5,2) oder eben, wie bei Hiob, als *mein Erlöser* bezeichnet wird (Str. 2,3). In Variation wird die Eingangsaussage wiederholt: *Jesus, er mein Heiland, lebt* (Str. 2,1).

[1] Viele Dichter haben Lieder daraus gemacht, etwa Ludwig Helmbold, Johann Hermann Schein, Johann Michael Dilherr, Paul Gerhardt und Johann Franck; vgl. Lorbeer, Sterbe- und Ewigkeitslieder, 515–521.

[2] Otto von Schwerin, Seelsorger der Kurfürstin und brandenburgischer Diplomat, war auch der Moderator jener Berliner Lehrgespräche, die am Ende Paul Gerhardt das Amt kosteten.

[3] Fornaçon 1977.

[4] Neuere Revisionen der Lutherübersetzung (schon 1912) haben die Deutung anhand des hebräischen Urtextes korrigiert; auch der gilt an dieser Stelle allerdings als schwierig. Lutherübersetzung 1545 hier in modernisierter Orthografie.

Die doppelte Reformulierung des Hiob-Satzes wird zum österlichen Bekenntnis des Ich. Hiobs *Ich weiß* wird nachgeschoben (*Dieses weiß ich*), das Gewicht dieser Worte ist damit aber keineswegs abgeschwächt. In rhetorischen Fragen reflektiert das Ich persönliche Konsequenzen aus dem Osterglauben: *sollt ich nicht / darum mich zufrieden geben?* (Str. 1,3 f); *warum sollte mir denn grauen?* (Str. 2,4; vgl. Ps 27,1).

Zugestanden wird, dass *die lange Todesnacht* immer noch *Gedanken macht* (Str. 1,5 f), dass der Auferstehungsglaube Angst und Zweifel noch nicht ganz hat überwinden können. Letztlich bleibt das aber Andeutung. Während sich ältere Sterbelieder (etwa *Mitten wir im Leben sind*, EG 518) ausführlich der Anfechtung widmen, wird sie hier von Anfang an überstrahlt vom tröstenden Bild des Auferstandenen (nicht, wie sonst häufig, des Gekreuzigten).

Str. 2 bringt, *Leben* wiederaufnehmend, die Auferstehungshoffnung zum Ausdruck: *ich werd auch das Leben schauen*. Die Futurform und das Verb „schauen" greifen auf den zweiten Teil vor. Doch ehe dort die Umstände der leiblichen Auferstehung bedacht werden, geht das Ich auf den Zusammenhang zwischen dem österlichen Leben Jesu und der *Hoffnung* auf Auferstehung ein: Weil der Heiland lebt, wird auch das Ich auferstehen (oder mit Gellert, der in EG 115 zur selben Melodie frei nachdichtet: *Jesus lebt, mit ihm auch ich*). Möglich ist das aufgrund der besonderen Verbindung, die zwischen beiden besteht, nämlich eben der *Hoffnung* und der *starke[n] Glaubenshand* (Str. 3), die den Erlöser nicht loslässt. Dem *Todesbann* der Trennung von Christus ist damit alle Macht genommen: *dass mich auch kein Todesbann / ewig von ihm trennen kann* (Str. 3,5 f; vgl. Röm 8,35.38 f). Das Bild von Haupt und Gliedern greift auf die paulinische Rede von Christus als dem Haupt zurück, etwa auf Kolosser 2,19, wonach vom Haupt her *der ganze Leib durch Gelenke und Bänder gestützt und zusammengehalten wird*[5]; für das Ich ist es *der Hoffnung Band*, an dem es ins österliche Leben gleichsam ‚mitgezogen' wird: *Lässet auch ein Haupt sein Glied,/ welches es nicht nach sich zieht?* (Str. 2,5 f).

Der zweite Abschnitt (Str. 4–6; orig.: 4, 6 und 7) wendet sich nach dem Leben des Erlösers der künftigen Auferstehung zu (Futur). Wie Str. 3 beginnt auch Str. 4 mit *Ich bin*: Für die Existenz des Ich ist seine Sterblichkeit (*Ich bin Fleisch und muss daher / auch einmal zu Asche werden*) ebenso kennzeichnend wie die Christusbeziehung. „Fleisch" bezeichnet im AT das Geschaffene in seiner Hinfälligkeit. Dieser unbestreitbaren Eigenschaft wird aber ein ‚Doch' entgegengesetzt: *das gesteh ich, doch wird er / mich erwecken aus der Erden* (Str. 4,3 f). Metrum und Zeilenendstellung (*er*) heben die Auferstehung als Werk Christi hervor. Als Ziel gibt das Ich die auf Dauer gestellte Nähe zu Jesus an, also die unbegrenzte Fortsetzung der zuvor begründeten Christusbeziehung: *dass ich in der Herrlichkeit / um ihn sein mög allezeit* (Str. 4,5 f).

Eine Besonderheit des Hiob-Textes in Luthers Übersetzung ist die äußerst plastische Darstellung der leiblichen Auferstehung. Für Heutige befremdlich, hat ihre Intensität die Gläubigen der frühen Neuzeit offenbar beeindruckt. Ausgestaltet wird sie in einer im

[5] Luther-Übersetzung 1984/2017; Luthers eigene Fassung von 1545 nennt das „Band" nicht, sondern beschreibt die Rolle des Hauptes im Zusammenspiel mit den Gliedern so, dass vom Haupt her „der ganze Leib durch Gelenk und Fugen Handreichung empfähet".

EKG und EG weggelassenen 5. Strophe, die in der Originalfassung zwischen der 4. und 5. Strophe der EG-Version steht:

> *Dann wird eben diese Haut*
> *Mich umgeben, wie ich gläube;*
> *Gott wird werden angeschaut*
> *Dann von mir in diesem Leibe,*
> *Und in diesem Fleisch werd ich*
> *Jesum sehen ewiglich.*[6]

Die Reihung der Verspaare aus dieser ausgefallenen Strophe, in denen jeweils eine Aussage über den Auferstehungsleib gemacht wird, setzt sich in der 5. Strophe der EG-Fassung nahtlos fort. Zweierlei wird dabei betont: zum einen die Identität des jetzigen Menschen mit dem im Auferstehungsleib; zum anderen die Nähe zu Jesus, dem selbst Fleisch gewordenen, inkarnierten Erlöser, der deshalb in der Ewigkeit mit *dieser meiner Augen Licht* angeschaut werden kann. Viermal unterstreicht das Ich die Identität des alten und neuen Leibes: *eben diese Haut, in diesem Leibe, in diesem Fleisch, Dieser meiner Augen Licht*; auch die personale Identität wird durch Wortwiederholung (Epanalepse) scharf herausgestellt: *ich, ich selbst, ein Fremder nicht / werd in seiner Liebe brennen* (Str. 5,3 f). Für heutige, aufgeklärte Ohren scheint diese Kontinuität überbetont; durch die Kürzung wird dies etwas ‚entschärft', zumal der Wortlaut des Luthertextes an dieser Stelle exegetisch korrigiert wurde.

Auch der Textdichter relativiert freilich die Betonung der Kontinuität durch eine zweite Bibelstelle: In 1. Korinther 15,42–44 unterscheidet Paulus das, was beim Begräbnis in die Erde *gesät* (vgl. Str. 6,3) wird, vom neuen, geistlichen Leib der Auferstehung. Der Liedtext greift den Topos der *Schwachheit* heraus (vgl. 1. Kor 15,43: *Es wird gesät in Schwachheit und wird auferstehen in Kraft*), die bei der Auferstehung *abgetan, von mir genommen* wird. Dabei denkt er einerseits an körperliche Gebrechen (Str. 6,1 f: *Was hier kranket*, wird wieder *frisch*), aber auch an das, was in der Seele *seufzt und fleht*, an *Angst und Pein* (Str. 6,5), vielleicht an die *Gedanken*, die in Str. 1 noch an der *Todesnacht* hingen.

Der dritte Abschnitt (Str. 7 und zwei weitere Strophen der Urfassung, dort Str. 8–10) löst sich vom Bibeltext und seinen Zeitformen Präsens und Futur. Bestimmend sind hier Imperativformen. Das Ich tritt zurück und wendet sich an die Gläubigen, die, das Bild vom Haupt aufnehmend (vgl. Str. 2), als *Glieder* Jesu angeredet werden. Aus dem Blick in die Zukunft erwächst schon für die Gegenwart die Überwindung der dunklen Todesgedanken und -gefühle: *Seid getrost und hocherfreut [...] Gebt nicht statt der Traurigkeit.* Nochmals wird das endzeitliche Handeln des Auferstandenen angekündigt, hier als ‚Ruf': *sterbt ihr, Christus ruft euch wieder* (Str. 7,3 f).

Gegenüber dem EKG weggefallen sind die Aufforderung zur Verspottung des Todes (vgl. 1. Kor 15,55) und zur weiteren Betrachtung des Kommenden, zu der auch das Lied selbst beitragen will: *Schickt das Herze da hinein,/ wo ihr ewig wünscht zu sein!* (EKG 330,9,6 f).

[6] In modernisierter Orthografie zit. nach FT V,648.

Der gesamte Text der beiden ausgefallenen Schlussstrophen lautet:

Lacht der finstern Erdenkluft,
Lacht des Todes und der Höllen.
Denn ihr sollt euch durch die Luft
Eurem Heiland zugesellen.
Dann wird Schwachheit und Verdruss
Liegen unter eurem Fuß.

Nur dass ihr den Geist erhebt
Von den Lüften dieser Erden
Und euch dem schon jetzt ergebt,
Dem ihr beigefügt wollt werden.
Schickt das Herze da hinein,
Wo ihr ewig wünscht zu sein.[7]

Lukas Lorbeer

Aus dem Jahr 1653 liegen zwei Melodien vor, beide aus Berliner Gesangbüchern. Die eine steht in dem von Christoph Runge herausgegebenen Gesangbuch (Z II,3432a), die andere, die im EG wiedergegeben ist (Z II,3432b), in der von Johann Crüger herausgegebenen „Praxis Pietatis Melica" (PPM). Die Runge-Melodie stimmt in den ersten beiden Melodiezeilen mit derjenigen in der PPM überein, nur dass sie die ersten beiden Noten nicht dehnt. Die Zeilen 3 und 4 zeigen einen anderen Melodieverlauf; es liegt in der Melodie also nicht wie in der PPM-Melodie die stollige Barform vor. Zeile 5 beginnt auf dem höchsten Ton, der Terz über dem oberen Grundton, während die PPM-Melodie an dieser Stelle unten ansetzt, und die Schlusszeile endet wie in PPM auf dem oberen Grundton, allerdings in einer weniger ausgeprägten Kadenzformel.

Die Melodie bei Runge (Z II,3432a)

Angesichts der Übereinstimmung in den ersten beiden Zeilen ist eine Abhängigkeit wohl gegeben; die Frage ist, in welche Richtung sie geht. Da erscheint eine Umarbeitung von Runge zur PPM wahrscheinlicher: Die Form ist durch die Stollenwiederholung gestrafft, dazu kommen eine stringentere Logik in den Zeilen 5 und 6 durch eine Art Sequenzie-

[7] Zit. nach FT (wie Anm. 6); vgl. EKG 330,8–9.

rung und eine stärkere musikalische Charakterisierung durch die hochalterierten Töne – im modernen Sinn die obere Hälfte einer „melodischen Molltonleiter“ bildend.

Johannes Zahn setzt in seiner Melodienedition eine Umarbeitung von Runge zur PPM voraus und erklärt das Fehlen des Namenskürzels „J. C.“ in der PPM mit eben dieser Tatsache der Umarbeitung, welche Johann Crüger veranlasst habe, die Autorschaft nicht zu beanspruchen. Man wird sie ihm aber dennoch mit einiger Wahrscheinlichkeit zuschreiben können, ist doch die Umarbeitung mindestens so intensiv, wie sie im Falle von einigen seiner Melodien gegeben ist, welche auf Genfer Psalmmelodien zurückgreifen. Damit ist, abgesehen vom Beginn, eigentlich eine neue Melodie entstanden.

Rhythmisch fällt in der PPM-Melodie die Dehnung der jeweils ersten beiden Noten jeder Zeile mit Ausnahme der letzten auf. Die beiden langen Noten etablieren zu Beginn den Grundschlag, der in der Fortsetzung nur noch auf die Akzentsilben fällt, was eine Beschleunigung und ein relativ hohes Singtempo erzeugt. Verstärkt wird diese Akzentpulsordnung – d. h. der Puls liegt auf den Akzentsilben und nicht auf jeder einzelnen Silbe – noch durch die Punktierung auf der dritten Akzentsilbe, eine „quantitierende“ Rhythmusbildung. Dass in der letzten Zeile die Dehnung der ersten beiden Noten unterbleibt, bedeutet eine Beschleunigung auf den Schluss hin und verdeutlicht die sequenzartige Melodieführung im letzten Zeilenpaar, indem die beiden Zeilen auf diese Weise enger verbunden werden.

Die Proportionen der Zeilen sind nicht periodisch. Die erste Stollenzeile enthält 5 Grundschläge, die zweite deren 6, die Abgesangszeilen wieder je 5 (die Schlussnote doppelt gerechnet). Formbildend ist also die Sprachdeklamation und nicht eine autonome musikalische Form, wie sie dann eher im 18. und 19. Jh. wirksam war.

Die Gestaltung des Melodieverlaufs ist grundsätzlich in einer sechszeiligen Barform, bei der erst noch das Zeilenpaar des Abgesangs eine Silbe weniger enthält als jeweils einer der Stollen, nicht ganz unproblematisch. Der Abgesang bietet wenig Raum, um die von den beiden Stollen aufgebaute Spannung aufzulösen. Crüger – wir setzen jetzt einmal seine Autorschaft voraus – löst dies so, dass er im Abgesang mit dem langen Aufstieg über „melodisch Moll“, der Sequenzbildung und der ausgeprägten Kadenzformel auf den oberen Grundton hin die Spannung nicht so sehr auflöst als vielmehr bestätigt und zu einem abschließenden Höhepunkt führt. Sowohl in der Bildhaftigkeit wie im Affekt nimmt er damit das Osterthema auf. Gegenüber der Fassung in der PPM weicht im EG lediglich der zweitletzte Ton ab: Er ist dort eine Antizipation des Schlusstons und nicht die Wiederholung des drittletzten. Damit entfällt im EG ein typisch barockes Verzierungselement, dafür entsteht eine Parallele zum Schluss der ersten Zeile.

Die „spätere Form“ im EG ist ein Produkt der allgemeinen Verlangsamung und rhythmischen Einebnung im 18. und 19. Jh. unter der sowohl aufklärerischen wie romantischen Ästhetik der „choralhaften“ Feierlichkeit. Mit dem Viervierteltakt ist eine gewichtige Silbenpulsordnung an die Stelle der deklamatorischen Akzentpulsordnung getreten: Im Grunde ist jede Note metrisch gleichwertig. Zugleich ergibt sich eine Annäherung an die periodische Ordnung: Stollen und Abgesang umfassen im Prinzip je vier Takte, wobei im Stollen ein überzähliger Halbtakt angehängt ist.

Andreas Marti

Verzeichnis der bereits erschienen Liedkommentare

EG	Heft	Seite	EG	Heft	Seite	EG	Heft	Seite	EG	Heft	Seite
1	[1]	52	57	[1]	77	113	[13]	41	170	[18]	9
2	[5]	3	58	[2]	40	114	[11]	59	171	[22]	3
3	[5]	5	59	[11]	22	115	[2]	85	172	[14]	31
4	[12]	3	60	[12]	43	116	[3]	68	173	[17]	15
5	[13]	3	61	[4]	31	117	[1]	92	175	[18]	14
6	[4]	3	62	[2]	44	118	[1]	95	176	[15]	7
7	[2]	3	63	[10]	28	119	[3]	73	177.1	[6/7]	9
8	[5]	10	64	[1]	81	120	[3]	78	177.2	[6/7]	9
9	[13]	10	65	[4]	36	121	[3]	81	177.3	[6/7]	9
10	[12]	12	66	[3]	25	122	[3]	84	178.1	[6/7]	13
11	[2]	7	67	[2]	48	123	[3]	90	178.2	[6/7]	14
12	[3]	3	68	[10]	30	124	[10]	69	178.3	[6/7]	15
13	[5]	17	69	[3]	31	125	[12]	63	178.4	[6/7]	16
14	[5]	22	70	[4]	42	126	[12]	70	178.5	[6/7]	20
15	[10]	3	71	[12]	47	127	[11]	63	178.6	[6/7]	20
16	[2]	11	72	[12]	52	128	[11]	68	178.7	[6/7]	20
17	[1]	58	73	[11]	26	129	[5]	87	178.8	[6/7]	20
18	[5]	28	74	[3]	36	130	[11]	72	178.9	[6/7]	22
19	[11]	3	75	[10]	35	131	[11]	77	178.10	[6/7]	23
20	[1]	62	76	[3]	40	132	[11]	81	178.11	[6/7]	24
21	[11]	8	77	[5]	49	133	[5]	91	178.12	[6/7]	25
22	[10]	9	78	[11]	33	134	[11]	83	178.13	[6/7]	26
23	[10]	11	79	[3]	45	135	[2]	89	178.14	[6/7]	28
24	[12]	16	80	[13]	36	136	[4]	68	179	[6/7]	32
25	[12]	25	81	[11]	37	137	[4]	71	180.1	[6/7]	37
26	[12]	32	82	[5]	54	138	[10]	76	180.2	[6/7]	40
27	[13]	16	83	[5]	60	139	[10]	80	180.3	[6/7]	42
28	[11]	10	84	[4]	53	140	[10]	84	180.4	[6/7]	45
29	[11]	12	85	[10]	40	141	[4]	74	181.1	[6/7]	48
30	[2]	17	86	[11]	44	142	[12]	77	181.2	[6/7]	48
31	[2]	26	87	[5]	71	143	[12]	80	181.3	[6/7]	48
32	[1]	65	88	[11]	48	144	[11]	88	181.4	[6/7]	50
33	[4]	9	89	[10]	53	145	[4]	78	181.5	[6/7]	51
34	[13]	23	90	[3]	49	146	[2]	94	181.6	[6/7]	55
35	[5]	31	91	[1]	85	147	[4]	83	181.7	[6/7]	56
36	[10]	23	92	[5]	75	148	[12]	85	181.8	[6/7]	58
37	[2]	28	93	[3]	52	149	[11]	92	182	[6/7]	59
38	[3]	7	94	[11]	53	150	[13]	45	183	[6/7]	63
39	[4]	14	95	[2]	55	151	[10]	91	184	[6/7]	72
40	[4]	17	96	[1]	89	152	[12]	93	185.1	[6/7]	79
41	[4]	21	97	[2]	59	153	[4]	89	185.2	[6/7]	82
42	[3]	12	98	[2]	62	154	[13]	55	185.3	[6/7]	83
43	[3]	17	99	[10]	55	155	[20]	3	185.4	[6/7]	84
44	[4]	26	100	[10]	61	156	[18]	3	185.5	[6/7]	86
45	[11]	17	101	[12]	56	157	[14]	17	186	[6/7]	90
46	[13]	28	102	[3]	56	158	[20]	9	187	[6/7]	92
47	[1]	69	103	[5]	81	159	[20]	13	188	[6/7]	94
48	[2]	34	104	[2]	66	160	[19]	15	189	[6/7]	97
49	[5]	36	105	[4]	58	161	[14]	21	190.1	[6/7]	100
50	[3]	21	106	[3]	61	162	[17]	3	190.2	[6/7]	102
51	[2]	37	107	[3]	66	163	[15]	3	190.3	[6/7]	103
52	[5]	39	108	[10]	65	164	[17]	7	190.4	[6/7]	105
53	[12]	35	109	[4]	63	166	[14]	25	191	[6/7]	107
54	[12]	39	110	[2]	71	167	[23]	3	192	[6/7]	116
55	[5]	44	111	[2]	75	168	[17]	9	193	[21]	3
56	[1]	72	112	[2]	79	169	[16]	3	195	[17]	17